POLYGLOT **on tour**

Apulien][Kalabrien

Basilikata

W0173043

Die Autorin
Monika Pelz
studierte in München, Florenz
und Pisa Geschichte, Politologie
und italienische Linguistik. Sie ist
mit einem Kalabresen verheiratet
und hat in vielen Jahren Land und
Leute kennen und schätzen gelernt.
Sie verfasste auch die Titel Polyglott
on tour »Italien«, »Toskana« und
»Florenz«.

Reiseplanung

Land & Leute

Unterwegs in den Regionen

Nordapulien

Baden in der blauen Adria vor malerischen Städtchen, Wandern im dunklen Grün der Laubwälder im Nationalpark Gargano – und in der weiten Ebene des Tavoliere den Süden und die Hitze auf der Haut spüren: Nordapuliens Natur ist vielseitig, genau wie die Kulturschätze, die von der Antike bis zur Gegenwart reichen.

Rodi Garganico][Isole Tremiti][Peschici][Vico del Gargano][Foresta Umbra][Vieste][Manfredonia][Monte Sant'Angelo][San Giovanni Rotondo][San Severo][Lucera][Foggia][Margherita di Savoia

Special **Friedrich II.**

Mittelapulien

Traumhafte Sandstrände um Marina di Ostuni, märchenhafte Burgen wie Castel del Monte, die atemberaubende Grotte in Castellana, ein Hauch Griechenland in Ostuni oder Cisternino, die einzigartigen Trulli in Alberobello und Romanik pur in den Kathedralen zwischen Murge und Meer: Das ist Mittelapulien.

Bari][Molfetta][Trani][Barletta][Canosa di Puglia][Castel del Monte][Ruvo di Puglia][Bitonto][Polignano a Mare][Monopoli][Castellana Grotte][Egnazia][Alberobello][Locorotondo][Martina Franca][Marina di Ostuni][Ostuni][Cisternino][Brindisi][Santa Maria del Casale][Castellaneta Marina][Massafra][Mottola][Castellaneta][Gravina in Puglia][Altamura

Südapulien

Wasser, Sonne und Barockkunst: Der Salento bietet wunderbare Sandstrände, verspielte Architektur, Beachpartys und Zuckerbäckeraltäre. Zu den Highlights zählen darüber hinaus die Städtchen Gallipoli und Ostuni, die einsamen Masserie im Landesinneren sowie die elegante Provinzhauptstadt Lecce.

Basilikata

Herrliche Panoramablicke und unberührte Natur: Viele Besucher sind von der Basilikata fasziniert. Wandern und Bergsteigen, am Seil über schwindelerregenden Abgründen schweben – Naturerlebnis und Action begegnen sich in den Lukanischen Dolomiten. Absolutes Highlight aber sind die Höhlen von Matera. Erholung bieten die weiten Sandstrände bei Policoro und Metaponto.

Kalabrien

800 km Küste am Tyrrhenischen und Ionischen Meer, entzückende Städtchen wie Tropea, Gerace, Santa Severina oder Morano Calabro, Almwiesen und hundertjährige Fichtenwälder: Kontrastreich zeigt sich Kalabrien, das auch mit griechischen Kunstschätzen, byzantinischen Kuppelkirchen und mittelalterlichen Festungen aufwartet.

Reiseplanung

Die Reiseregion im Überblick][Die
schönsten Touren][Klima &
Reisezeit][Anreise][Reisen im Land][
Sport & Aktivitäten][Unterkunft

Die Reiseregion im Überblick

Sommer, Sonne, Sand und Strand, antike Kultur, erholsame Naturlandschaften, mediterrane Küche und feurige Weine, feierliche Prozessionen und farbenprächtiges Feuerwerk: Der Süden Italiens hält, was er verspricht.

Der Gargano in **Nordapulien** zählt zu den beliebtesten und schönsten Baderegionen der Adria. Lebhafte, anmutige Städtchen wechseln sich ab mit langen Sandstränden und kleinen Felsbuchten am Meer. Die Badeparadiese an der Küste erstrecken sich vor immergrüner Macchia, Schatten spendenden Kiefern und kühlen Buchenwäldern in den höheren Lagen des Nationalparks Gargano. Das Kontrastprogramm bildet der Tavoliere, die unendlich scheinende, in der Sommerhitze flirrende Weite der größten Ebene des Südens. Von Dauniern und Römern erzählen die Kunst- und Bauwerke der Region, von den Menschen des Mittelalters wehrhafte Burgen und romanische Kirchen, von der Gegenwart die exzellenten Weine aus San Severo sowie die zeitgenössische Architektur.

Castel del Monte, das der Stauferkaiser Friedrich II. in seinem geliebten **Mittelapulien** errichten ließ und das heute UNESCO-Weltkulturerbe ist, wacht über die sanft zum Meer abfallenden karstigen Hügelzüge des Nationalparks Alta Murgia. Ebenfalls von der UNESCO geschützt ist die märchenhafte Trulli-Stadt Alberobello. In den engen Gassen der verwinkelten *Centri storici* der Küstenstädte und in den Murge faszinieren romanische Kirchen, die zu den schönsten Italiens gehören. Neben den zahlreichen Kultur-Highlights und der spektakulären und größten Karstgrotte Italiens in Castellana Grotte wirken vor allem die langen Sandsträne an der Adria südlich von Bari und um Castellaneta Marina am Ionischen Meer als Besuchermagneten – nicht zuletzt natürlich auch die berühmten Weine der Region.

Sanft hügelig, mit uralten Olivenbäumen, knorrigen Weinreben, blendend weißen Gutshöfen und fast verloren wirkenden Städtchen zeigt sich das Innere **Südapuliens.** Bucht um Bucht, Strand um Strand: Die Küste lädt überall zum Sprung ins Wasser, zu Sport, Spaß und Erholung ein, hält nach dem Strandtag in Bars, Enotheken, Pizzerien und Feinschmeckerrestaurants mediterrane Küche und die exzellenten Weine des Salento bereit. Lebhaft, elegant, von Studenten und Kunsthandwerkern sowie verspielten Barockensembles geprägt, präsentiert sich Lecce. Hochrangige Kultur-Attraktion offerieren auch die anderen Orte, und nachts erklingt Musik, wird getanzt oder sprühendem, funkelndem Feuerwerk zugeschaut. Höhepunkt der Festivals ist die Notte della Taranta im August.

Blick vom Monte Saraceno auf die Küste des Gargano

Hohe Berge, dolomitenartige Felsspitzen und ein weites, noch kaum vom Massentourismus berührtes Hügelland mit traumhaften Panoramablicken bilden das Zentrum der **Basilikata.** Hier folgt man den Spuren der antiken Lukaner, der Normannen und Friedrichs II., genießt den vollmundigen Aglianco-Wein zu den herzhaften Käse- und Wurstsorten. Ein touristisches Highlight sind die Sassi von Matera, eine einzigartige Höhlenwohnkultur. Nur in den kurzen Küstenabschnitten bei Maratea und Metaponto verändert die Region ihr Gesicht, bietet Süden pur mit Strand und Meer – und dem besterhaltenen griechischen Tempel des Südens.

Kristallklares Wasser und weite Sandstrände charakterisieren **Kalabriens** Küsten, wo im Hochsommer bis spät nachts das Leben pulsiert. Die Altstadtkulisse Tropeas, des wohl schönsten Badeortes der Region, scheint über dem Tyrrhenischen Meer zu schweben, während die Wasserburg Le Castella im Meeresschutzgebiet von Capo Rizzuto am Ionischen Meer einem Märchenbuch entstiegen scheint. Der Gegensatz zum hohen Bergmassiv des Nationalparks Pollino im Norden, zu der touristisch gut erschlossenen Berglandschaft des Nationalparks Sila in der Mitte und dem mancherorts einsamen und abweisenden Gebirgsstock des Nationalparks Aspromonte im Süden könnte nicht größer sein. Von Griechen, Römern, Byzantinern und Normannen erzählen Architektur und Kunstwerke, von der feurigen Pfefferschote und gehaltvollen Weinen die kalabresische Küche.

Die schönsten Touren

Die Highlights Apuliens in rund zwei Wochen

━①━ Vieste › Monte Sant'Angelo › Castel del Monte › Trani › Ruvo di Puglia › Bari › Castellana Grotte › Matera › Alberobello › Taranto › Gallipoli › Otranto › Lecce

Distanzen
Vieste › Monte Sant'Angelo 55 km/1 Std.; **Monte Sant'Angelo › Castel del Monte** 110 km/1,5 Std.; **Castel del Monte › Trani** 32 km/25 Min.; **Trani › Ruvo di Puglia** 22 km/20 Min.; **Ruvo di Puglia › Bari** 32 km/25 Min.; **Bari › Castellana Grotte** 36 km/30 Min.; **Castellana Grotte › Matera** 60 km/1 Std.; **Matera › Alberobello** 77 km/1 Std. 15 Min.; **Alberobello › Taranto** 50 km/35 Min.; **Taranto › Gallipoli** 73 km/1 Std. 20 Min.; **Gallipoli › Otranto** 50 km/45 Min.; **Otranto › Lecce** 30 km/25 Min. (alle Zeitangaben beziehen sich auf die Fahrt mit dem Auto).

Verkehrsmittel
Die Tour unternehmen Sie am besten mit dem Wagen. Busse verkehren selten und fahren nicht genau die einzelnen Stationen der beschriebenen Tour ab.

Die Atmosphäre des Südens erspüren – die folgende Tour bietet dazu reichlich Gelegenheit. Startpunkt ist ***Vieste › S. 44**, ein Paradies für Kitesurfer, das am Abend einlädt zum Bummel durch die weißen Gässchen der lebendigen Altstadt. Am 2. Tag steigen Sie in **Monte Sant'Angelo › S. 46** die 89 Stufen hinunter in die faszinierende ***Grotte des Erzengels Michael** – wie schon im Mittelalter Tausende Pilger aus dem Norden vor Ihnen. Am Tag 3 kommt man im *****Castel del Monte › S. 65** dem Staufer-Kaiser Friedrich II. ganz nahe. Wenn Sie gegen Abend von den Murge wieder hinunter ans Meer fahren, erstrahlt die weiße Königin der romanischen Kathedralen in ***Trani › S. 62** vor dem blauen Meer. Am stimmungsvollen Hafenbecken klingt der Tag bei einem Gläschen *Moscato di Trani* aus. Tag 4: In **Ruvo di Puglia › S. 66** locken in dem kleinen feinen ***Museo Jatta** die schönsten griechischen ****Vasen** der Region. Ein bis zwei Tage sollte man für ***Bari › S. 58**,

Ein Touristenmagnet: die eindrucksvollen Trulli

Apuliens Hauptstadt, mit zwei der schönsten romanischen **Kathedralen Italiens in der verwinkelten Altstadt schon einplanen, bevor man in **Castellana Grotte** ❯ S. 68 die beeindruckende Unterwelt der größten **Karstgrotte Italiens bestaunt. Tag 8: In *Matera ❯ S. 108, streng genomen 15 km außerhalb Apuliens in der Basilikata, wandert man durch die ***Sassi, die bewohnten Höhlen und Grotten, die ganze Stadtviertel bilden. Vielleicht übernachten Sie sogar in einer der Grotten – natürlich mit allem Komfort. Wie in Disneyland fühlen Sie sich am nächsten Tag in *Alberobello ❯ S. 69, aber die ***Trulli, diese aus aufeinandergeschichteten Steinen ohne Mörtel errichteten Rundhäuschen, sind so hinreißend, dass man dafür selbst den Touristenrummel in Kauf nimmt. Tag 10: Während die Altstadt **Tarantos** ❯ S. 83 vom morbiden Charme des Verfalls geprägt ist, glänzt der antike **Goldschmuck im bedeutendsten **Archäologischen Museum des Südens nach Neapel umso mehr. Traumhaftes Badevergnügen versprechen die Sandbuchten bei **Gallipoli ❯ S. 88. Am nächsten Tag geht es weiter nach **Otranto ❯ S. 90, wo das größte mittelalterliche **Fußbodenmosaik des Abendlandes lockt. Die griechisch anmutende **Altstadt lädt zum Bummel und Bleiben, genau wie die ausgesucht schönen Strände und Badebuchten im Norden der Stadt. Tag 13: In **Lecces ❯ S. 93 elegantem Stadtzentrum geht der Blick nach oben zu den Kringeln, Schnörkeln, Blättern und Ranken, mit denen die Barockkünstler die Fassaden der Kirchen geradezu überschütteten, aber auch in die vielen Handwerksläden, in denen traditionelle Pappmaschee-Kunst und Steinmetzarbeiten aus der lokalen *pietra leccese* angeboten werden.

Die schönsten Naturlandschaften in zwei Wochen

—②— **Vieste** › **Foresta Umbra** › **Foggia** › **Margherita di Savoia** › **Monte Vulture** › **Gravina in Puglia** › **Matera** › **Pietrapertosa** › **Civita/Çifti** › **Le Castella** › **Camigliatello Silano**

Distanzen

Vieste › **Foresta Umbra** 30 km/30 Min.; **Foresta Umbra** › **Foggia** 88 km/1,5 Std.; **Foggia** › **Margherita di Savoia** 55 km/40 Min.; **Margherita di Savoia** › **Monte Vulture** 85 km/1 Std. 15 Min.; **Monte Vulture** › **Gravina in Puglia** 87 km/1 Std. 15 Min.; **Gravina in Puglia** › **Matera** 28 km/25 Min.; **Matera** › **Pietrapertosa** 85 km/1,5 Std.; **Pietrapertosa** › **Civita/Çifti** 200 km/3,5 Std.; **Civita/Çifti** › **Le Castella** 160 km/2,5 Std.; **Le Castella** › **Camigliatello Silano** 100 km/1,5 Std. (alle Zeitangaben beziehen sich auf die Fahrt mit dem Auto).

Verkehrsmittel

Die Tour unternimmt man am besten mit dem Wagen. So ist man unabhängig und kann die Naturschönheiten auch erwandern. Busse verkehren selten und fahren nicht genau die einzelnen Stationen der Tour ab.

Den Süden mit anderen Augen sehen. Weg vom Klischee, dass Süditalien vor allem eines ist: Sand und Meer. Die Tour beginnt am Meer, und zwar mit dem 27 m hohen Pizzomunno-Monolith, dem Wahrzeichen von ***Vieste** › S. 44, der so fotogen am Hausstrand unterhalb der bezaubernden Altstadt im Wasser steht. Der 2. Tag ist dem Nationalpark Gargano gewidmet, wo hohe, schattige Buchen- und Eichenwälder über Rehe, Dachse, Wiesel und Marder wachen. 15 gut ausgeschilderte Wanderwege laden am Parkzentrum in der ***Foresta Umbra** › S. 43 zu Entdeckungstouren ein. Tag 3: Weit, heiß, flach – so präsentiert sich die größte Ebene des Südens, der Tavoliere

Der Pizzomunno-Monolith

Pietrapertosa in den Lukanischen Dolomiten

um **Foggia** › S. 51, mit seinen immensen Getreidefeldern, die im Sommer abgebrannt werden und die Nacht glühend erleuchten. Fast geblendet wird man auch von den weißen Salzbergen in der größten Saline Italiens in **Margherita di Savoia** › S. 52 am Meer. An den nördlich gelegenen Stränden können Sie einen oder gleich mehrere Badetage genießen. Tag 7: Intensiv grün, von smaragd bis oliv, schimmern die ***Laghi di Monticchio,** die die ehemaligen Krater des erloschenen Vulkans **Monte Vulture** › S. 104, der sich einsam hinter den Murge erhebt, füllen. Die fast mystische Atmosphäre erlebt man am besten bei einer Wanderung durch den einsamen Wald hinauf zur ***Abtei San Michele.** Die Vulkanerde lässt hier den vollmundigen roten Aglianico gedeihen, der in **Rionero in Vulture** › S. 103 vor Ort verkostet werden kann. Am nächsten Tag (Tag 8) erreicht man relativ leicht über eine weite Hochebene um Montemilone **Gravina in Puglia** › S. 76, das an einer spektakulären ***Gravine** liegt. Wie ein böser Riss in der karstigen Erde wirkt sie, selbst die Renaissance-Kathedrale scheint direkt über dem Abgrund zu hängen. Wie man so eine Gravine Generation für Generation aushöhlt, Grotten und Keller, Wohnräume und Kirchen hineingräbt, ganze Stadtteile entstehen lässt, die schroffe, abweisende Natur für den Menschen nutzbar macht, sieht man in den *****Sassi** von ***Matera** › S. 108. Tag 9: Hinter dem Stausee **Lago di Giuliano,** an dem man den Bradano überquert, folgt man dem zweiten großen Fluss der Region, dem Basento, aufwärts. Bizarr ragen die Gipfel in den Himmel, von der Erosion geformt zu Eule, Großer Mutter oder Königsadler – die ***Lukanischen Dolomiten** › S. 107 bieten im Kleinen, was von der Schwester in Norditalien bekannt ist. Wanderwege führen rund um **Pietrapertosa** › S. 107,

Blick auf Le Castella

das mit 1088 m höchste Dorf der Basilikata, am Abend genießt man die lukanische Küche. Tag 10: Die Schnellstraße Potenza – Metaponto bringt am nächsten Tag das Meer mit weitem Sandstrand bei **Metaponto** › S. 109 rasch näher. Nach einem Badetag setzen Sie die Tour in Kalabrien fort: In der Albanerstadt **Civita/Çifti** › S. 117 zu Füßen des Nationalparks Pollino wartet der berühmte *Canyon **des Raganello** mit der *Teufelsbrücke. Tag 12: Weiter geht es Richtung Süden zum Meeresschutzgebiet um **Le Castella** › S. 126, wo smaragdgrünes, klares Wasser zum Baden und Tauchen einlädt. Planen Sie einen oder gleich mehrere Badetage ein. Falls Sie dann ganz plötzlich Lust auf Oberbayern, weidende Kühe, Seen und Almhütten befällt: Ein Ausflug in die Sila um **Camigliatello** › S. 123 stillt diese Sehnsucht.

Touren in den Regionen

Touren	Region	Dauer	Seite
Über die Halbinsel Gargano	Nordapulien	3–5 Tage	39
Tavoliere – die größte Ebene des Südens	Nordapulien	2–3 Tage	40
Romanik am Meer	Mittelapulien	4 Tage	54
Kultur und Natur im Nationalpark Alta Murgia	Mittelapulien	4–5 Tage	55
Ins Tal der weißen Trulli	Mittelapulien	6 Tage	55
Baden und Barock: der Salento	Südapulien	6–8 Tage	80
Murge Tarantine	Südapulien	2–3 Tage	81
Am Vulkan Monte Vulture	Basilikata	3 Tage	99
Im Zentrum der Basilikata	Basilikata	3 Tage	102
Im Nationalpark Sila	Kalabrien	6 Tage	112
Am Ionischen Meer	Kalabrien	1–2 Tage	113
Küstenträume: von Tropea nach Süden	Kalabrien	3–5 Tage	115

Klima und Reisezeit

Der Süden hält, was er verspricht: Von Mai bis September scheint die Sonne, das Meer hat Badetemperatur, und es regnet fast nie. Dieses sehr trockene und heiße Klima lockt Urlauber und Einheimische an die Strände sowie in die Bergwelt Kalabriens und der Basilikata. Während an der Küste die Luft bis zu 40 °C flimmert, weht in den höheren Lagen meist ein kühleres Lüftchen, und die Temperaturen sind erträglicher.

Frühjahr und Herbst bieten sich für Wanderungen an, wenngleich man mit Regenschauern rechnen muss. Im Frühling verwandelt sich die Landschaft in ein duftendes Blütenmeer, der Herbst hüllt die Kastanienwälder in bunte Farben. Pilzkenner können sich nun auf die Suche machen. Eine Kulturreise lässt sich das ganze Jahr über unternehmen. Das Winterhalbjahr bietet den Vorteil ungestörten Kunstgenusses, allerdings sind dann nicht alle Hotels, Lokale und Museen geöffnet. Die Angst vor Touristenrummel ist ohnehin unbegründet: Überfüllt ist der Süden nur in der Woche um den 15. August, den *ferragosto*. Dann ist ganz Italien auf den Beinen, das Unterhaltungsprogramm reicht vom Jazzkonzert über Tanzabende bis zu Prozessionen.

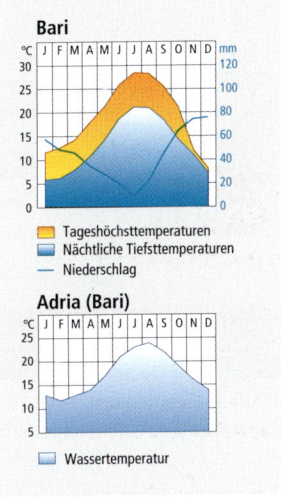

Anreise

Mehrere **Fluglinien** bieten im Sommer Direktflüge zu den apulischen Flughäfen (www.seap-puglia.it) Bari (ab Frankfurt/Hahn, Stuttgart, Köln-Bonn, Düsseldorf, München, Basel) und Brindisi (ab Köln-Bonn, Memmingen/Allgäu, München, Nürnberg, Wien, Zürich) sowie Foggia (ab Genf) an. Im Hochsommer starten darüber hinaus regelmäßig Chartermaschinen von weiteren Flughäfen nördlich der Alpen direkt in den Süden.

Es existieren keine direkten **Bahnverbindungen** aus Mitteleuropa in den Süden Italiens. Bahnreisende müssen in Nord- (Mailand, Venedig, Bologna) oder Mittelitalien (Florenz, Rom) umsteigen. Wer nach Kalabrien möchte, fährt über Neapel, wer nach Apulien möchte, über Ancona (www.ferroviedellostato.it, it. u. engl.).

Mit dem **eigenen Auto** erreicht man den Süden über ein gut ausgebautes, mautpflichtiges Autobahnnetz, das aus Norditalien entlang der tyrrhenischen Küste über Neapel (ab Salerno gebührenfrei) in die Basilikata und nach Kalabrien, entlang der adriatischen Küste über Ancona nach Apulien führt (Verkehrsregeln ❯ S. 139). Infos zu Autoreisezügen: http://www.eurostar-reisebuero.de/Autoreisezug-Italien.41.0.html

Für Urlauber aus Mitteleuropa bieten sich die **Fährverbindungen** von Rijeka in Kroatien nach Bari an (www.jadrolinija.hr).

Reisen im Land

Mit dem Auto oder Mietwagen

Für Reisen innerhalb der Region empfiehlt sich das Auto, da kleinere Orte sonst nur umständlich, viele Strände und abgelegene Sehenswürdigkeiten überhaupt nicht erreicht werden können.

Alle großen Mietwagen-Firmen (AVIS, Europcar, Hertz, Maggiore) sind an den Flughäfen und in den Großstädten vertreten. Lokale Firmen bieten ihre Dienste auch in den kleineren Ferienorten an. Ab 30 € pro Tag für einen Kleinwagen, etwa 40 € für einen Mittelklassewagen müssen Sie rechnen. Oft sind Buchungen zusammen mit einem Flug ab Deutschland günstiger.

Mit Bus und Bahn

Das regionale Busnetz ist dicht, die Busse fahren nahezu alle Orte an, aber oft nur ein- oder zweimal pro Tag. In Süditalien bedient die Bahn nur die großen Städte sowie mit lokalen Zügen vor allem die Küstenorte. Die Benutzung von Bus und Bahn bietet eine gute Gelegenheit, Land und Leute kennenzulernen. Außerdem sind beide Verkehrsmittel deutlich günstiger als in Mitteleuropa (für eine Strecke von 100 km zahlt man ca. 6 €).

Mit dem Taxi

Offizielle Taxis müssen eine im Auto angebrachte Lizenz besitzen. Gerade im Süden bieten viele illegale Taxis ihre Dienste an. Für manche Fahrten gibt es Festpreise, etwa Flughafen Bari – Hauptbahnhof Bari 23 €. Innerhalb Baris kostet eine 10 km-Fahrt knapp unter 20 €.

Unterwegs mit Kindern

Italien darf als kinderfreundliches Reiseland gelten. In Hotels und Lokalen sind kleine Gäste meist herzlich willkommen. Sonne, Sand und Meer tun ein Übriges, um die Kids bei Laune zu halten. Baden, Schnorcheln und Sandburgen bauen – welches Kind würde dazu schon Nein sagen?

Acquaparks

Wenn Ihre Kids mehr Action möchten, dann ist ein Wasservergnügungspark genau das Richtige. Kleine, große, riesige, gerade, und gewundene Rutschen gehören zur Grundausstattung jedes Acquaparks, im Hochsommer kommen immer Musik und Animation hinzu. Alle Parks verfügen über Bars und Restaurants.

■ **Acquapark Ippocampo**
An der SS 159 zwischen Margherita di Savoia und Manfredonia.
www.ippocampo.it
Juni–Sept. tgl. 9–18.30 Uhr

■ **Parco Splash**
An der Küstenstraße gelegen, 2 km von Gallipoli Richtung Santa Maria al Bagno, Ortsteil Rivabella.
www.splashparco.it
Mitte Juni bis Mitte Sept.
tgl. 9.30–18.30, Aug. 9–24 Uhr

■ **Odissea 2000**
Bei Rossano][Ortsteil Zolfara Villaggio Nausicaa.
www.odissea2000.it
Mitte Juni bis Mitte Sept. tgl.
9–18.30 Uhr

■ **Nuova Aqua Fans**
Praia a Mare][Ortsteil Fiuzzi.
www.aquafans.it
Mitte Mai–Sept. tgl. 10–19 Uhr

In die Unterwelt

Die größte Karsthöhle Italiens in Castellana Grotte mit ihrer riesigen Eingangshalle und den vielen effektvoll ausgeleuchteten Stalagmiten am Boden und Stalaktiten an der Decke ist ein ganz besonderes Erlebnis.

Castellana Grotte
Tel. 08 04 99 82 11
www.grottedic
astella na.it
Kurzer Weg: 1 km, ca.
1 Std., langer Weg: 3 km,
ca. 2 Std., im Sommer
stündl. Führungen.

Rund um die Tierwelt

Im **Zoosafari-Park** in Fasano bestaunen Sie frei lebende Giraffen, Zebras und Löwen vom eigenen Auto aus. Angeschlossen sind ein Meeresbereich, ein Reptilien- und ein Vogelhaus. Insgesamt leben hier 1700 Tiere aus 200 verschiedenen Arten. Gleich neben dem Zoosafari-Park liegt der **Vergnügungspark Fasanolandia** mit mehr als 25 Attraktionen und Fahrgeschäften. Etwa 20 Dinosaurier in Naturgröße, allerdings nur aus Kunstharz, zeigt der **Parco dei Dinosauri** bei Castellana Grotte. Der 10 m hohe Brachiosaurus ist

Kulturelle Hits …

… **für Kids:** das sehr schöne und gut aufgebaute **Volkskundemuseum** im ehemaligen Franziskanerkloster in Monte Sant'Angelo mit Ölmühle, Weinpresse und Köhlerei › S. 46. Das **Museo delle Arti e delle Tradizioni popolari del Salento** in Santa Maria di Cerrate zeigt vollständig eingerichtete Zimmer – wie früher › S. 97. Die original ausgestattete **Casa Grotta** gibt eine gute Vorstellung von der Wohnkultur von Mensch und Tier in den Sassi von Matera › S. 109. Magische Spindeln, riesige Pappmaschee-Figuren, Kostüme, Instrumente des bäuerlichen Lebens, Musikinstrumente: Ein Sammelsurium für kleine Entdecker wartet im wirklich originellen **Museo Civico di Etnografia e Folclore** in Palmi › S. 133. Fossilien, Mineralien, Flora und Fauna des Pollino, ausgestellt im **Nibbio** in Morano Calabro › S. 116.

wirklich beeindruckend! Echte Tiere gibt es im **CEAM-Aquarium** in Capo Rizzuto zu sehen, und man darf sogar Seeigel anfassen – wenn man will!

■ **Zoosafari-Park**
Via della Zoosafari][**Fasano**
www.zoosafari.it
Sommerhalbjahr Mo–Sa 9.30–16/17, So ab 9 Uhr, im Winter eingeschränkt.

■ **Fasanolandia**
www.zoosafari.it
Es öffnet/schließt jeweils 30 Min./ 60 Min. später als der Zoosafari-Park.

■ **Parco dei Dinosauri**
Via Conversano 157][**an der SS 634**
2 km hinter Castellana Grotte.
März–Sept. tgl. 9.30–13, 14.30–18.30 Uhr, Führungen auf Dt.

■ **CEAM-Aquarium**
Piazza Santuario][**Capo Rizzuto**
www.riservamarinacaporizzuto.it
Mo–Sa 8–14, Di, Do auch 15–18 Uhr

Sport und Aktivitäten

Sonne, Sand und Meer – Süditalien bietet beste Bedingungen für einen Badeurlaub. Wassersport kann man außer in der Nähe von Häfen überall betreiben. Die Wasserqualität ist fast durchweg hervorragend, dies signalisiert die »Blaue Flagge«, die an vielen Badestränden Süditaliens weht (www.blueflag.org). Doch auch Wanderer, Radfahrer und Golfer kommen auf ihre Kosten.

Schnorcheln, Tauchen, Surfen

Surfer schätzen besonders die Küste des Gargano als Spot mit guten Winden und starken Wellen › S. 45. Zahlreichen Küstenabschnitte eignen sich hervorragend zum Schnorcheln und Tauchen, beliebte Tauchreviere finden sich z. B. um Capo Vaticano und Le Castella. Auch zum Fischen eignen sich die Küsten, eine Genehmigung ist nicht erforderlich, für Gerätetaucher gilt jedoch im Meer ein Jagdverbot. Für Seen und Flüsse ist eine Erlaubnis der Provinzialverwaltung einzuholen.

Wandern und Radfahren

Zum Wandern bieten sich vor allem die Nationalparks an, die Wege sind inzwischen recht gut markiert. Die gut gemachte Broschüre **Puglia in Bici** der APT Bari › S. 60 stellt zehn thematische Radtouren an der Küste und ins Hinterland der Provinz Bari vor (www.ruotalibera.it/ APT-FlashTour6, auch dt.). Empfehlenswerte Veranstalter sind:

■ **Colditzer Reisebüro**
Töpfergasse 5][04680 Colditz
Tel. 03 43 81/4 04 37
www.fahrrad-wandern.de
Radtouren im Salento, Wandertouren im Aspromonte in Kalabrien.

■ **Eco Gargano**
Vico Orto Cappuccini 6
71037 Monte Sant'Angelo
Tel./Fax 08 84 56 54 44
www.ecogargano.it
Geführte Wanderungen im Nationalpark des Gargano, auch auf Deutsch.

■ **Garganobike Center**
Loc. Punta Lunga (Vieste)
Tel. 08 84 70 41 86
www.garganobike.com
Touren auf dem Gargano.

Reizvolle Panoramen locken bei einer Radtour auf dem Gargano

■ **Go Rent**

Via Giuseppe Albanese 42][70124 Bari][Tel./Fax 08 05 42 88 88
www.gorentbike.it
Verleih von speziellen Trekkingrädern; auch geführte Radtouren durch Apulien.

Golf

Golfspieler können beispielsweise auf den Greens von Castellaneta Marina, Bari, Fasano, Lecce (Casarano, Acaya), Paola (in Cetraro), Limbadi (Vibo Valentia) und Catanzaro einlochen. Infos bei ENIT › S. 139.

Kuren

Süditalien besitzt einige Thermalkurorte für medizinische Anwendungen wie Torre Canne, Latronico, Lamezia Terme, Sibari und Guardia Piemontese. Infos bei ENIT › S. 139 (www.enit.it, Stichwort Thermalanlagen). Hilfreich erweist sich auch die Broschüre »Italia bietet mehr: Thermen«.

Unterkunft

Je nach Geschmack und Geldbeutel findet im Süden jeder eine geeignete Unterkunft. Im August, vor allem um den 15., empfiehlt sich eine rechtzeitige Reservierung. Wer kann, sollte seinen Urlaub in die Vor- oder Nachsaison legen, im Juni und September ist es nicht ganz so heiß, die Preise sind bis zur Hälfte niedriger. Viele Küstenhotels schließen im Winter.

Feriendomizil für Individualisten

Hotels und Apartments

Sie werden von den APT-Büros der jeweiligen Provinz vermittelt, die jährlich ein ausführliches Verzeichnis der Hotels, Agriturismus-Betriebe, B&Bs, Campingplätze und *Villaggi Turistici* (Apartmentanlagen) herausbringen. Villaggi Turistici, Clubs und Campingplätze bieten praktisch alle in den Monaten Juli und August **ein breit gefächertes Animationsprogramm,** vom Kinderclub über Sport bis hin zu Disco und Beachparty am Abend.

Agriturismus

Naturnah und sehr erholsam ist Agriturismo, Urlaub auf dem Bauernhof kombiniert mit typisch regionaler Küche (www.agriturist.it).

■ Agriturist Basilicata
**Contrada Marrucaro 2][85100 Potenza][Tel. 09 71 60 10 35
Fax 0 97 15 23 28**

■ Agriturist Calabria
**Via G. Pinna 30][88046 Lamezia Terme][Tel. 0 96 85 16 19
Fax 0 96 85 13 83**

■ Agriturist Puglia
Via Amendola 166/5][70126 Bari][Tel./Fax 08 05 48 45 69

Ferienhäuser

Ferienhäuser *(case vacanza)* kann man an allen Küsten Süditaliens mieten, im Landesinneren stehen meist nur Apartments zur Verfügung. Adressen und Angebote findet man über die örtlichen Fremdenverkehrsämter und Immobilien- und Reisebüros *(agenzie immobiliare, agenzie di viaggio),* die auf den Webseiten der Fremdenverkehrsämter aufgeführt sind.

Camping

Campingplätze gibt es überall an der Küste. Die meisten sind nur im Sommer geöffnet. Infos und Verzeichnisse erhält man bei den Fremdenverkehrsämtern und der:

Confederazione Italiana
Campeggiatori
**Via Vittorio Emanuele 11
50041 Calenzano/Firenze
Tel. 0 55 88 23 91
www.federcampeggio.it**

Jugendherbergen

Jugendherbergen existierten nur in Bari, Lecce, Taranto, Matera, Cosenza, San Fili. Infos:

Associazione Italiana Alberghi
per la Gioventù
**Via Cavour 44][00184 Rom
Tel. 0 64 87 11 52
www.ostellionline.org**

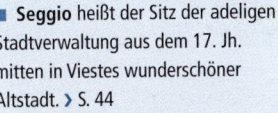
Besondere Hotels

■ **Seggio** heißt der Sitz der adeligen Stadtverwaltung aus dem 17. Jh. mitten in Viestes wunderschöner Altstadt. › S. 44

■ Eine schöne, alte, weiße Masseria mit nostalgisch-romantisch gestalteten Zimmern: **Il Frantoio** bei Marina di Ostuni. › S. 73

■ Das **Al Convento** in Potenza vereint historisches Ambiente in einem alten, geschmackvoll restaurierten Haus, kombiniert mit modernem Design. › S. 106

■ Stilgerechte Möbel und ein wunderschöner Garten gehören zum eleganten, sehr romantischen Palazzo **Villa San Domenico** aus dem 18. Jh. in Morano Calabro. › S. 116

■ Auf 1200 m Höhe liegt inmitten eines riesigen Parks in Camigliatello Silano die aus dem 18. Jh. stammende baronale Residenz **Torre Camigliati** mit ihren sympathischanmutigen Zimmern. › S. 124

Land & Leute

Steckbrief][Geschichte im Überblick][
Natur und Umwelt][Kunst und Kultur][
Feste & Veranstaltungen][Essen und Trinken

Steckbrief

Apulien, Basilikata, Kalabrien

Apulien

Fläche: 19 372 km², 830 km Küste
Provinzen: Bari, Brindisi, Foggia, Lecce, Taranto, Barletta-Andria-Trani
Hauptstadt: Bari
Bevölkerung: 4 071 500 Einw.
Bevölkerungsdichte: 211 Einw./km²
Arbeitslosenquote: 17,1 %

Basilikata

Fläche: 9990 km², 59 km Küste
Provinzen: Matera, Potenza
Hauptstadt: Potenza
Bevölkerung: 594 100 Einw.
Bevölkerungsdichte: 61 Einw./km²
Arbeitslosenquote: 14,0 %

Kalabrien

Fläche: 15 080 km², 710 km Küste
Provinzen: Catanzaro, Cosenza, Reggio di Calabria, Crotone, Vibo Valentia
Hauptstadt: Catanzaro, Parlamentssitz: Reggio di Calabria
Bevölkerung: 2 004 400 Einw.
Bevölkerungsdichte: 136 Einw./km²
Arbeitslosenquote: 16,7 %.

Größte Städte: Bari: 322 500 Einw., Taranto: 195 000 Einw., Reggio di Calabria: 185 500 Einw.
Höchste Erhebungen: Serra Dolcedorme 2267 m; Monte Pollino 2248 m; Monte Cornacchia (westl. von Foggia) 1151 m
Landesvorwahl: 0039
Währung: Euro
Zeitzone: MEZ

Lage

Die drei Mittelmeer-Regionen (ital.: *Puglia, Basilikata, Calabria*) nehmen den Sporn und den Absatz, die Sohle und die Spitze des italienischen Stiefels ein. Im Osten umspült die Adria, im Süden das Ionische und im Westen das Tyrrhenische Meer die Küste. Hier finden sich traumhafte Sandstrände und romantische Fischerdörfer, aber auch überlaufene Badebuchten und architektonisch wenig gelungene Ferienorte.

Politik und Verwaltung

Italien ist eine Parlamentarische Republik. Staatsoberhaupt ist Giorgio Napolitano, Ministerpräsident zum wiederholten Male Silvio Berlusconi. Eine wachsende Skepsis gegenüber den alteingesessenen Eliten zeigten erstmals die Regionalwahlen 2005: In Kalabrien, der Basilikata und Apulien gewann das Mitte-Links-Bündnis problemlos, das eher konservative Apulien wählte sogar Italiens ersten homosexuellen, kommunistischen Regionalpräsidenten, Nicola Vendola. Bei den Parlamentswahlen 2008 erreichte Berlusconis Mitte-Rechts-Bündnis *Popolo della Libertà* dennoch in Apulien und Kalabrien eine klare Mehrheit, nur in der Basilikata gab es die meisten Stimmen für ein Mitte-Links-Bündnis.

Die Verwaltung der Regionen liegt in den Händen des Regionalparlaments, das jedoch weit weniger Rechte besitzt als etwa die deutschen Bundesländer. An der Spitze jeder Provinz steht ein vom Zentralstaat eingesetzter Präfekt.

Wirtschaft

Grundsätzlich ist die Außenhandelsbilanz der Regionen des Mezzogiorno derzeit nicht sehr erfreulich. Dabei steht Apulien gegenüber Kalabrien und der Basilikata noch am besten da. Traditionelle Schwerindustriezonen liegen um Taranto, Brindisi und Manfredonia, bei Bari wurde ein Industrie- und Forschungszentrum für neue Technologien geschaffen.

Apulien verdankt seine relativ günstige Situation darüber hinaus seiner florierenden Landwirtschaft, dem Anbau von Hartweizen, Olivenöl und Wein sowie seiner Fischereiflotte. Doch Handel benötigt begleitende Infrastrukturmaßnahmen, und Süditalien profitierte weit weniger als der Norden von einer kontinuierlichen Förderung. Zudem fanden die ohnehin schon geringen Mittel oft genug den Weg in die Taschen der ’Ndrangheta ❯ S. 135 oder der *Sacra Corona Unità,* der kalabresischen bzw. apulischen Variante der Mafia. Oft gilt weiterhin: *O emigrante, o brigante* – Entweder auswandern – oder zur Mafia gehen.

Bevölkerung und Sprache

Die bedeutendsten Minderheiten in Süditalien stellen die Albaner und die Griechen. Bereits 1534 ließen sich, nach der Eroberung ihres Landes durch die Türken, Albaner in der Basilikata sowie in Apulien nieder, in Kalabrien bildeten sie über 40 Gemeinden. Ihre Sprache konnten sie bis heute bewahren. Eine Folge der byzantinischen Herrschaft über Süditalien sind die griechischen Siedlungen in Apulien und Kalabrien. In einigen Orten im südlichen Aspromonte und in acht Gemeinden im Südosten von Lecce wird noch Griechisch gesprochen.

In Apulien, Kalabrien und der Basilikata spricht man Italienisch in seiner süditalienischen Färbung und einheimische Dialekte.

Geschichte im Überblick

2. Jt. v. Chr. Einwanderung von Illyrern nach Apulien; griechische (mykenische) Händler siedeln in Apulien, der Basilikata und im ionischen Kalabrien.

8. Jh. v. Chr. Die apulischen Japyger gliedern sich in Daunier (Norden), Peuketier (Mittelapulien) und Messapier (Salento); in der Basilikata und Kalabrien leben samnitische Stämme.

Um 700 v. Chr. Gründung griechischer Kolonien in der Basilikata und Kalabrien.

5./4. Jh. v. Chr. Hellenisierung Süditaliens; Lukaner in der Basilikata und Bruttier in Kalabrien bedrohen die griechischen. Kolonien.

266 v. Chr. Brindisi wird römische Kolonie und wichtigster Orienthafen des Römerreiches.

110 n. Chr. Bau der Via Traiana von Benevent nach Brindisi.

6. Jh. Nach den Gotenkriegen werden Kalabrien, die Basilikata und Apulien byzantinisch.

1071 Die Normannen erobern Bari, die byzantinische Hauptstadt Süditaliens.

1130 Roger II. eint Süditalien nach seiner Königskrönung in Palermo zu einem Staat.

1189 Kaiser Heinrich VI. erbt über seine Frau Konstanze das normannische Königreich.

1212–1250 Friedrich II. fördert die süditalienischen Regionen.

1266 Mit den französischen Anjou setzt ein Niedergang ein.

1442 Alfons V. von Aragon nimmt das Königreich ein.

1504 Sieg Ferdinands II. von Aragon-Kastilien über die Franzosen; spanische Vizekönige sitzen in Neapel. Armut und Ausbeutung der Bauern nehmen zu.

17./18. Jh. Verfall der Wirtschaft; Aufkommen des Brigantentums.

1708 Österreichische Truppen erobern im Zuge des Spanischen Erbfolgekrieges Süditalien.

1735 Karl von Bourbon besiegt Österreich und erhält das süditalienische Königreich; erste Reformen.

1806–1815 Franzosen beherrschen das Königreich.

1860 Anschluss an das italienische Königreich.

1908 Ein schweres Erdbeben zerstört Reggio di Calabria.

Sept. 1943 bis Febr. 1944 Brindisi ist Sitz der italienischen Regierung, da Rom von Deutschen besetzt ist.

1950 Gründung der 1993 wieder abgeschafften *Cassa per il Mezzogiorno* zur Förderung des Südens.

2005 In Apulien, Kalabrien und der Basilikata gewinnt das Mitte-Links-Bündnis die Regionalwahlen.

2008 Die Regierung Prodi zerbricht, bei den vorgezogenen Neuwahlen gewinnt Berlusconi.

2009 Der Regierungschef Apuliens Nicki Vendola scheitert bei der Europawahl mit seiner neuen Liste *Sinistra e Libertà*.

Natur und Umwelt

Geografische Gliederung

Den nördlichsten Teil Apuliens bildet die Halbinsel Gargano mit dem gleichnamigen Gebirge, das eine Höhe von über 1000 m erreicht. Südlich schließen sich der Tavoliere di Puglia, eine weite Senke um Foggia, und die fruchtbaren Küstenebenen der Terra di Bari und d'Otranto an. Landeinwärts steigt die Landschaft treppenartig über die verschiedenen Stufen der Murge an, bis sie in der Basilikata im Vulkankegel des Monte Vulture (1326 m) ihren höchsten Punkt erreicht. Im Süden fallen die Murge, unterbrochen von tiefen eindrucksvollen Schluchten, den *gravine*, abrupt in die fruchtbare Ebene um Taranto ab, die sich entlang der Küste bis Metaponto hinzieht. Den ebenfalls zur Region Apulien gehörenden Absatz des Stiefels, den Salento, prägt im Wesentlichen eine sanfte Hügellandschaft.

Wer von Norden her in die Basilikata einreist, trifft auf das Pollino-Massiv, eine über 2000 m hohe Bergkette. Durch ganz Kalabrien zieht sich der Apennin: Die beiden bedeutendsten Gebirgsstöcke, die Sila im Norden und der Aspromonte im Süden, bestehen vor allem aus Granit und Gneis. Jäh stürzen die Felsen zum Meer hin ab, während die Höhen oft den milderen Charakter grüner Hochflächen haben. Rar sind auch in Kalabrien ausgesprochene Ebenen.

Fauna und Flora

Palmen und Bergföhren, duftende Macchia und dichte Kastanienwälder: Die Pflanzenwelt des Südens ist entsprechend den immensen Höhenunterschieden vielseitig. Die Nutzflächen mit Oliven, Wein, Mandeln, Feigen und Obst sowie die herbe Macchia verbreiten mediterranes Flair. In höheren Lagen wachsen Steineichen und Oleaster. Den Apennin bedecken noch teilweise dichte Kastanien- und Buchenwälder. Öd und kahl erscheinen die höchsten Gipfel in der Basilikata und Kalabrien – Bergweiden und Fels bestimmen die Landschaft.

In Kalabrien und der Basilikata sind neben den auch in Mitteleuropa bekannten Tieren wie Wild-

Olivenbaum bei Monopoli

schweinen, Rehen, Mardern und Dachsen auch Stachelschweine und Wölfe zu Hause. Die reichhaltige Vogelwelt, die die Küstenseen und -lagunen als Winterquartier nutzt, ist mit zahlreichen wunderschönen Exemplaren vertreten, etwa dem Großen Flamingo oder dem Rötelfalken. Die berühmte Tarantel zählt zu den über 200 heimischen Spinnenarten. Manche sind giftig, ebenso wie die im ganzen Süden verbreitete Aspisviper. Eine Besonderheit sind die Grottentiere Apuliens, von denen bestimmte Krebse und Garnelen endemisch sind.

Umweltprobleme

Die abwechslungsreiche Küste ist 1600 km lang. Da sich die Industriekomplexe auf wenige Standorte beschränken, lässt auch die Wasserqualität nichts zu wünschen übrig. Die drei süditalienischen Regionen könnten mit ihrer artenreichen und vielfältigen Flora und Fauna ein wahres Paradies sein. Könnten, denn die Sensibilität der Bevölkerung für den Erhalt ihres Lebensraums scheint nach wie vor noch unzureichend entwickelt zu sein. Dies beginnt mit dem Zurücklassen von Plastikmüll nach dem Familienpicknick an Stränden und auf Wiesen oder der mangelnden Versorgung mit Kläranlagen und gipfelt im *abusivismo*. Der Begriff bezeichnet die verbreitete Unsitte, dass jeder baut, wo und was er will, mit oder ohne Genehmigung. Die Städte wuchern dadurch planlos in alle Richtungen, lange Küstenabschnitte wurden durch das wilde Bauen völlig verschandelt.

Waldbrände

Ein weiteres Umweltproblem sind Waldbrände: Wer im Sommer durch den Süden fährt, wird immer wieder Rauchfahnen aufsteigen sehen. Bei nicht selten 40 °C entzündet sich das strohtrockene Macchiagebüsch tatsächlich leicht, doch die Mehrheit der Brände ist von Menschen verursacht. Achtlos weggeworfene Zigaretten spielen sicher eine Rolle,

Stein und noch mal Stein

Felsen und Grotten, Mäuerchen und Trulli – Stein in allen Formen dominiert das Landschaftsbild des Südens. Weite, im Sommer trockene Flusstäler, *fiumare* genannt, durchziehen mit ihren Geröllhalden Kalabrien, als wollten sie sich auch ohne Wasser zum Meer fortbewegen. Apulien ist die größte Karstregion Italiens. Das mit dem Regenwasser in das Gestein des Gargano und der Murge einsickernde Kohlendioxyd bewirkt die Lösung des Kalks und die Bildung riesiger Höhlen. Die größte liegt bei Castellana Grotte. Ihre hohen Hallen werden *grave* genannt. Die großen Mulden, Dolinen, die in Apulien auch *pulo* heißen, sind Hallen, deren Decken eingestürzt sind. Typisch für die Region sind auch die *gravine*, tiefe, schluchtartige Taleinschnitte.

doch gezielte Brandstiftung ebenfalls. Einige Gründe: In Naturschutzgebieten darf nicht gebaut werden, nach einem Feuer werden Flächen aber oft von der Kommunalverwaltung zur Bebauung freigegeben – ein Problem vor allem in Kalabrien. Von der EU gibt es Gelder für die Wiederaufforstung, z.B. von abgebrannten Olivenhainen. Saisonale Waldarbeiter werden nur eingestellt, wenn es brennt, und gerade im Süden sind viele Menschen auf den Job als Waldhüter (oftmals der einzige verfügbare) angewiesen.

Bis Deutschland dringen die Nachrichten über Großfeuer meist nur, wenn auch Urlauber davon betroffen sind, wie im Juli 2007 in Peschici. Damals überzogen Flächenbrände besonders großen Ausmaßes ganz Süditalien und vernichteten gut 100 000 ha Wald. Betroffen davon waren auch wertvolle Bestände der Nationalparks.

Kunst und Kultur

Frühzeit
Zu den frühesten künstlerischen Äußerungen Süditaliens gehören das rund 13 000 Jahre alte Felsbild des Urstiers in Papasidero (Kopie im Museo Nazionale Reggio di Calabria › S. 134) und die aus Ton modellierten weiblichen Figuren im Museum von Taranto.

Antike
Ab dem 8. Jh. v. Chr. bringen die griechischen Kolonisatoren neue Anregungen mit nach Süditalien. Ihre Keramik schmücken mythologische Themen. Doch den Griechen verdankt Unteritalien mehr als nur die Vasenmalerei: Man denke nur an Pythagoras, der 538 v. Chr. nach Kroton übersiedelt.

Unter den unzähligen Funden nehmen der herrliche Goldschmuck von Tarent › S. 83 und die imposanten Bronzen von Riace im Museum von Reggio di Calabria, zwei der ganz wenigen erhaltenen original-griechischen Kriegerstatuen › S. 134, eine besondere Stellung ein.

Eine der Bronzen von Riace

Eine qualitätvolle eigene Kunst entwickeln auch die einheimischen Stämme Apuliens. Peuketische Stadtmauern sieht man noch in Altamura, messapische in Manduria.

Die Römer bauen nach ihrer Eroberung Süditaliens in der ersten Hälfte des 3. Jhs. v. Chr. zuerst Straßen. Die Städte entlang dieser Verkehrswege blühen auf, was die Amphitheater von Venosa, Lucera und Lecce eindrucksvoll zeigen.

Byzantinische Kunst

Die Rückeroberung von Apulien, Kalabrien und Teilen der Basilikata durch Byzanz Ende des 9. Jhs. spiegelt sich auch in der Kunst wider. Die Sakralbauten werden jetzt über dem Grundriss des griechischen Kreuzes mit gleich langen Armen errichtet, erhalten orientalisch anmutende Kuppeln (Otranto, Rossano, Santa Severina). Fresken mit Heiligendarstellungen schmücken die Wände unzähliger Eremiten- und Mönchsgrotten (Matera, Massafra, Mottola, Gravina in Puglia). Die großen Augen, die starre Haltung und die komplizierten Faltenwürfe der Gewänder sind typisch für diese Malerei, die als volkstümliche Votivkunst noch Jahrhunderte nach dem Ende der byzantinischen Herrschaft in Süditalien fortlebt.

Romanik

Die zweite große künstlerische Blütezeit des Südens nach der griechisch-apulischen beginnt im 11. Jh. Der Prototyp der romanischen

Kathedralen Apuliens, San Nicola in Bari, nimmt die dreischiffige Basilika der 1071 geweihten Mutterkirche der Benediktiner in Montecassino zum Vorbild. Die Bildhauer widmen sich aber nicht nur der Bauskulptur, auch Altarbaldachine, Kanzeln und Bischofsstühle werden überreich ornamental und figürlich dekoriert. Als bahnbrechender Neuerer gilt im 11. Jh. Acceptus, dessen Werkstatt wahrscheinlich in Bari ansässig ist. Unter Friedrich II. greifen die Künstler wieder verstärkt antikes Ideengut auf.

Gotik und Renaissance

Erstes Zeugnis dieser Epoche ist der 1222 in Anwesenheit Fried-

Bischofsthron in San Nicola, Bari

richs II. geweihte Dom von Cosenza, dessen großartiger Raumeindruck an die Zisterzienser-Architektur Frankreichs erinnert. Der eigentliche Siegeszug der Gotik erfolgt dann unter den neuen französischen Herren, den Anjou. Der Chorumgang des Doms und San Sepolcro in Barletta und die Strebepfeiler am Dom von Lucera stehen für die neue Tendenz. Neapel ist nun die Hauptstadt des Reiches, und Apulien, Kalabrien und die Basilikata verkommen auch hinsichtlich der Kunst zu Provinzen. Während der Renaissance dominieren den Kunstmarkt in Apulien Importwaren aus Venedig und dem Adriaraum, in Kalabrien neapolitanische und spanische Arbeiten.

Barock

Blumenvasen und Grotesken, Bänder und Voluten – die Fassaden der barocken Kirchen und Paläste Lecces strotzen vor Dekor. Zwischen 1550 und 1750 scheint die Stadt neu zu entstehen. Während die Architektur oft den klaren Linien der Spätrenaissance folgt, sind Dekor und Ausstattung äußerst prunkvoll. Dieser Lecceser Stil ist eine eigenständige Entwicklung des in Süditalien weit verbreiteten Barock. Zu den charakteristischen Arbeiten gehören auch die großartigen Holzschnitzereien an Kanzeln und Chorgestühlen.

Zeitgenössische Kunst

Lange tat sich nichts im Süden, doch in den letzten Jahren wachen einzelne Kommunen auf. So wurde in Crotone mit dem Mack (Museo provinciale di Arte Contemporanea Krotone) 1998 ein erstes Zeichen gesetzt. 2008 folgte in Catanzaro das MARCA (Museo di Arte Moderna e Contemporanea), 2009 in Bitonto die erste Nationalgalerie Apuliens für zeitgenössische Kunst (Galleria Nazionale di Arte Moderna e Contemporanea). Zu den bedeutendsten Künstlern des Südens zählt der in Catanzaro gebürtige Mimmo Rotella (1918–2006).

Castello normanno, svevo oder aragonese?

Die meisten Burgen in Süditalien gehen auf die Normannen zurück, die recht einfache Bauten, oft schlichte Wehrtürme, errichten. Die Staufer erweitern sie zu rechteckigen Kastellen (castello svevo), an den Portalen und im Inneren tauchen erste Skulpturen auf. Die Anjou bringen die gotischen Spitzbogen mit, die Aragonesen fügen die mächtigen runden Bastionen hinzu. Unter Karl V. und den Spaniern baut man entsprechend den neuen militärischen Erfordernissen die Lanzenbastionen an. Stilreine Kastelle aus einem Guss wird man – bis auf das Meisterwerk Castel del Monte – hier vergebens suchen. Die meisten Wehrtürme an den Küsten Apuliens und Kalabriens wurden im 16. Jh. und zur Abwehr der Türken errichtet.

Feste und Veranstaltungen

Im Süden Italiens feiert man gerne. Alle Orte haben ihre *estate,* ihr Sommerprogramm mit Konzerten, Tanz und Performance, Ausstellungen und Straßenmärkten. Höhepunkte sind immer die Feste zu Ehren der Stadtheiligen mit traumhaft schönen Feuerwerken – Apuliens Feuerwerker gelten zu Recht als die besten Italiens!

Festkalender

Februar: Karneval mit Umzügen in Putignano und Gallipoli.

März/April: Ostern. Karprozession u.a. in Taranto und Gallipolli; Karfreitagsfestlichkeiten mit nachgestellten Kreuzwegstationen in Catanzaro; Affruntata in Vibo Valentia (Begegnung Christus und Maria, So).

Mai: Historischer **Umzug und Prozession auf dem Meer zu Ehren des hl. Nikolaus** in Bari. **Patronatsfest** von San Cataldo mit Prozession in Taranto. **Nächtliche Prozession** zum Capo Colonna bei Crotone zu Ehren der Madonna. **Storica Processione dei Turchi:** Prozession in historischen Kostümen in Potenza.

Mai/Juni: Pfingsten: Malerische **Pfingstprozession** in spanischen Kostümen in Melfi.

Mai bis September: Festival di Altomonte: Theater, Opern, Konzerte und Ausstellungen.

Mitte Mai bis Mitte September: Città aperte in ganz Apulien mit langen Öffnungszeiten für Sehenswürdigkeiten und Museen, dazu Musik und Events.

Wirklich gute Pasta kommt nicht aus der Fabrik

Juli: Fest zu Ehren der **Madonna della Bruna** mit Prozession in Matera. Spektakel und **Meeresprozession zu Ehren San Nicola Pellegrinos** in Trani. **Festival internazionale della Valle d'Itria:** Opern- und Gesangsfestival in Martina Franca.

Juli/August: **Musikfeste** in fast allen Orten des Südens.

August: Konzerte, Lichterprozession und Feuerwerk sind Höhepunkte der **Festlichkeiten zu Ehren des Stadtpatrons Sant'Oronzo** in Lecce (24.–26.).

Corteo Storico und **Torneo dei Rioni:** historischer Umzug zu Ehren Friedrichs II. und Reiterspiele in Oria. **La Notte della Taranta:** Größtes Musikfestival des Südens (Folklore, Jazz, Rock); ein Muss und In-Treff auf dem Salento (www.lanotte dellataranta.it).

September: Festa della Madonna dei Martiri mit Meeresprozession in Molfetta.

Dezember: Nikolausprozession in Bari. Fiera dei Pupi mit Pappmaschee- und Tonfigurenmarkt in Lecce.

Essen und Trinken

Die Küche des Südens verspricht mediterrane Leichtigkeit, viel Fisch und Gemüse, Nudeln in allen erdenklichen Variationen, aber auch Lamm und Zicklein. Freuen Sie sich auf köstliche Antipasti, variantenreiche Nudelgerichte, wunderbar zubereiteten Fisch und schließlich einen Likör oder Grappa zur Verdauung!

Von Antipasti bis Dolci

Schwarze, grüne, getrocknete, eingelegte Oliven: Sie sind im Süden unabdingbarer Bestandteil der **Antipasti,** der kalten Vorspeisen, ohne die kein italienisches Menü beginnt. Gegrillte Auberginen, Zucchini und Paprikaschoten, eingelegte Artischocken und getrocknete Tomaten, Omelettstücke, Tintenfisch- oder Meeresfrüchtesalat, marinierte Sardellen, *ricotta,* Salami und Schinken komplettieren die äußerst reichhaltige Palette. Eine besondere Spezialität sind *lampasciuni* bzw. *cipollizzi,* kleine bittere Zwiebeln, und hartes Brot, *frese* oder *frise* genannt, das mit Wasser benetzt und mit Tomaten eingerieben serviert wird.

Eigentlich ist man jetzt schon satt, aber wer kann den verlockenden **Nudelgerichten** *(paste)* schon widerstehen? Die typischen Nudeln Apuliens, *orecchiette* (»Öhrchen«), werden traditionell mit Rübensprösschen *(cima di rape)* gereicht. *Troccoli, fusilli, strascinati, maccarruni, cavatielli …*: Die Formen und Dialektnamen der hausgemachten Teigwaren variieren von Ort zu Ort, alle schmecken jedoch hervorragend. Wie die Kartoffelklößchen *(gnocchi)* können sie mit Fleisch-

Frischer Tintenfisch für Risotto

(ragù) oder Tomatensoße *(sugo di pomodoro)* und bestreut mit salzigem Käse *(ricotta salata)* aufgetischt werden. Besonders häufig findet man im Süden Nudelgerichte kombiniert mit Hülsenfrüchten, wie Kichererbsen und verschiedene Bohnensorten, v.a. in der Basilikata kommen oft noch Miesmuscheln hinzu.

Reis wird an der Küste mit Meeresfrüchten *(risotto alla marinara)* und Tintenfischsoße *(risotto nero)* serviert. Natürlich ist Fisch auch ein beliebtes **Hauptgericht** *(secondo)*. Größere Fische werden gegrillt, im Rohr gegart oder gedünstet mit Tomatensoße verzehrt. Kleinere Fische wie Sardinen *(sarde)* und Sardellen *(acciughe)* isst man meist frittiert. Schwertfisch *(pesce spada)* und Thunfisch *(tonno)* kommen auf den Grill oder in die Pfanne. In der Basilikata und in Kalabrien stehen auch Pilze und Wild auf dem Speiseplan. Auch Lamm *(agnello)* und Zicklein *(capretto)* aus dem Ofen sollte man versuchen. Spießchen mit Lamminnereien *('niumarieddi* oder *gnumirriddi)* gelten als Delikatesse. Als Beilagen gibt es Gemüse *(verdure)* neben Pommes frites und gemischtem Salat.

Das Essen endet mit *frutta,* Obst der Saison, *dolci,* **Süßspeisen,** die im Süden besonders kunstvoll zubereitet werden, oder *gelato,* hausge-

---

Zum Picknick »salsicce« und »taralli«

Die unzähligen Wurstsorten Kalabriens und der Basilikata eignen sich hervorragend für ein opulentes Picknick. In Kalabrien meist mit roten, getrockneten Peperoni, in der Basilikata mit schwarzem Pfeffer scharf gewürzt sind die *salsicce.* Die *soppressata,* eine Art feine Salami, wird aus magerem Schweinefleisch hergestellt. Zu den einheimischen Spitzenprodukten sind auch vorzügliche Käsesorten zu rechnen: der *mozzarella,* die *burrata* (ein weicher, mozzarellaartiger Frischkäse), die *burrini* oder *butirri* (mit Butterstück in der Mitte), die *ricotta* (ein Frischkäse) und die festen Sorten *caciocavallo, provolone* und der geräucherte *scamorza.* Dazu isst man das hervorragende, mit Maismehl angereicherte Brot Apuliens. Auch die angebotenen Anisringe *(taralli)* und das kalabresische Ringbrot *(pitta)* schmecken ausgezeichnet.

machtem Eis, sowie dem üblichen Espresso. Jetzt braucht man dringend etwas zur Verdauung: Zur Auswahl stehen ein Zitronenlikör *(limoncello)*, ein lokaler Magenbitter *(amaro)* und ein Nussschnaps *(nocino)*.

Durstlöscher und Weine

Wenn es richtig heiß ist, verschaffen die *granite*, Getränke mit zerhacktem Eis darin, die es *al limone, al caffè* oder *alla menta* (Pfefferminze) gibt, Abkühlung. Fein ist dann auch eine Mandelmilch *(latte di mandorla)*, ein Eistee *(tè freddo)*, ein kalter Espresso mit Eiswürfeln *(caffè shakerato)* oder eine Pfefferminzmilch *(latte con la menta)*.

Die traditionellen Weine des Südens steigen einem leicht zu Kopf! Fast alle erreichen einen Alkoholgehalt von 13 Vol.-%. Die roten sind robust, lebhaft und harmonisch im Geschmack, die trockenen und duftigen Roséweine besitzen viel Körper, die weißen sind leicht feurig, von intensiv strohgelber Farbe und angenehmem Bouquet. Seit Jahren experimentieren auch die süditalienischen Winzer mit »neuen« Reben wie Chardonnay, Sauvignon und Pinot Bianco, die mit den einheimischen Sorten exzellente Flaschenweine ergeben.

In Apulien gehören die leichteren Weißweine (um 11,5 Vol.-%) wie der *Bianco di San Severo,* der *Castel del Monte* oder die ausgezeichneten Weißen der Valle d'Itria – allen voran der *Locorotondo* – zu den Spitzenprodukten. Im Salento werden traditionell die besten Roséweine produziert. Eine Spezialität der Region ist der trockene, duftige, sherryähnliche *Moscato di Trani.*

Der bekannteste Wein der Basilikata, der granatrote *Aglianico di Vulture,* überzeugt mit seinem frischen, vollen Geschmack. Schwere, gehaltvolle rubinrote Weine mit viel Körper werden in Kalabrien erzeugt. Zu den hoch geschätzten Weinen zählt der rubinrote, duftige *Cirò.* Der *Greco di Bianco* und der *Malvasia di Catanzaro* sind hervorragende Dessertweine.

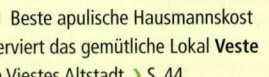

Herausragende Restaurants

■ Beste apulische Hausmannskost serviert das gemütliche Lokal **Veste** in Viestes Altstadt. ❯ S. 44

■ Apulische Küche vom Allerfeinsten genießt man in der stilvoll gestalteten Grotte der **Osteria del Tempo Perso** in Ostuni. ❯ S. 73

■ Exzellente kalabresische Gerichte, kredenzt in einem alten Palast: **Barbieri** in Altomonte. ❯ S. 117

■ Hervorragende Küche in einem alten Landhaus mit traumhafter Panoramaterrasse bietet das **Ristorante Go** in Pizzo. ❯ S. 138

■ Lukanische Küche, fantasievoll zubereitet, trotzdem bodenständig: Es ist ein Genuss in der **Osteria di Salvatore Cucco** in Gravina di Puglia zu speisen. ❯ S. 77

■ Fisch, Fisch, Fisch: roh wie die Apulier ihn mögen, aus dem Ofen mit Gemüse oder frittiert, immer qualitätvoll im **Canale** in Taranto. ❯ S. 84

Unterwegs in Apulien, in der Basilikata und in Kalabrien

Entdecken Sie die einzelnen Reiseregionen – jeweils mit den schönsten Touren, allem Sehens- und Erlebenswerten, Hotel-, Restaurant-, Nightlife- und Shoppingtipps

Nordapulien

Nicht verpassen!

- Ein Badetag auf der Tremiti-Insel San Domino
- Abendspaziergang durch die Altstadt von Vieste
- Wanderung durch die stille Foresta Umbra
- Blick vom Kastell in Lucera
- Besuch der faszinierenden Michaelsgrotte

Zur Orientierung

Kleine, von Felsen malerisch gerahmte Badebuchten, weiße Sandstrände, hübsche Fischerorte und ausgedehnte Laubwälder im Naturschutzgebiet Foresta Umbra: Die Halbinsel Gargano, die den Sporn Italiens bildet, bietet fantastische Landschaftserlebnisse und lockt zugleich ans Meer. 65 km ragt sie in die Adria, das gleichnamige Gebirge erhebt sich mit dem Monte Calvo bis auf 1055 m Höhe. Süditaliens bestes Campinggebiet, das aber auch einfache Apartments, Familienhotels und luxuriöse Ferienanlagen bereithält, lädt ein zu Badefreuden und Wanderungen, aber ebenso zu abwechslungsreichem Kunstgenuss. Von geheimnisvollen antiken Stelen in Manfredonia und mittelalterlicher Baukunst in Monte Sant'Angelo bis zu zeitgenössischer Architektur in San Giovanni Rotondo reicht die Palette.

Eine ganz eigene Faszination strahlt die Tavoliere aus, die weite, dem Gebirge vorgelagerte Ebene mit ihren endlos scheinenden Getreidefeldern. Wer auf den ersten Erhebungen am Rande des Tavoliere, in Lucera oder Troia, steht, genießt an klaren, wolkenlosen Tagen den beeindruckenden, weiten Blick über ganz Nordapulien.

Der Gargano bezaubert mit wilder schöner Küstenlandschaft

Touren in der Region

Über die Halbinsel Gargano

━▣━ Rodi Garganico ❯ Isole Tremiti ❯ Vico del Gargano ❯ Foresta Umbra ❯ Peschici ❯ Vieste ❯ Monte Sant'Angelo ❯ San Giovanni Rotondo ❯ Manfredonia

Länge: 3–5 Tage, 175 km
Praktische Hinweise: Für die Besichtigung des Grottenheiligtums in Monte Sant'Angelo und der Pilgerkirche in San Giovanni Rotonda an angemessene Kleidung denken. Badesachen nicht vergessen!

Tag 1: Die typische Landschaft des Gargano präsentiert sich schon im malerisch gelegenen **Rodi Garganico** ❯ S. 42: Im Hintergrund schimmern immergrüne Kiefernwälder, davor das blaue Meer. Tag 2: Von Rodi aus setzen Tragflügelboote auf die ***Tremiti-Inseln** ❯ S. 42 über, ein traumhaftes Badeparadies. Tag 3 gehört der ***Pineta Marzini,** dem dichten Pinienwald des Ferienortes **San Menaio,** bevor es hinaufgeht ins ursprüngliche **Vico del Gargano** ❯ S. 43 und weiter zum Wandern in die ***Foresta Umbra** ❯ S. 43. Zurück am Meer, leuchten die grauen Kuppeln auf den Häusern

In der Altstadt von Vieste

Peschicis ❯ S. 43. Die Fahrt führt kurvenreich an wehrhaften Türmen und Badebuchten vorbei ins liebreizende Städtchen ***Vieste** ❯ S. 44 mit dem Pizzomunno-Felsen am wunderschönen Sandstrand. Tag 4: Man verlässt Vieste Richtung Süden. Immer wieder öffnet sich der Blick auf einladende Badebuchten. Die Aussicht auf die steil ins Meer stürzenden Felsen weicht nun dem Panorama der weiten Ebene um das weiß am Hang aufblitzende **Mattinata** inmitten ausgedehnter Olivenhaine. Hinter dem lebendigen Städtchen führt die Straße mit Ausblick auf die Küste und den Tavoliere die kahlen Berghänge hinauf nach **Monte Sant'Angelo** ❯ S. 46 zum aussichtsreichen Kastell. Romanische Kirchen, ein auch für Kinder interessantes Volkskundemuseum sowie das Grottenheiligtum des Erzengels Michael warten in dem Ort. Tag 5: Noch mehr Frömmigkeit, gepaart mit moderner Baukunst von Stararchitekt Renzo Piano, bietet **San Giovanni Rotondo**

❯ S. 47. Die Tour endet in **Manfredonia** ❯ S. 45. Die größte Stadt auf dem Gargano überrascht mit einem gepflegten Zentrum und den erstaunlichen Stelen der Daunier aus dem 7. Jh. v. Chr.

Tavoliere – die größte Ebene des Südens

④ Foggia ❯ **San Severo** ❯ **Lucera** ❯ **Troia** ❯ **Margherita di Savoia**

Länge: 2–3 Tage, 150 km
Praktische Hinweise: Im Hochsommer erreichen die Temperaturen in der Ebene bis zu 40 °C. Man sollte daher Besichtigungen in die Morgen- oder späten Nachmittagsstunden legen.

Die Tour führt durch den Tavoliere, die größte Ebene Apuliens. Im Sommer vor Hitze flirrend, erleuchten nach der Getreideernte im Juni/Juli abends und nachts unzählige Feuer zum Abbrennen der Stoppeln den Tavoliere – ein faszinierendes Schauspiel. Tag 1: In **Foggia** ❯ S. 51 wandelt man auf den Spuren Friedrichs II. und der Daunier. Zur Weinprobe geht es in die Altstadt von **San Severo** ❯ S. 47, anschließend hinauf in die ehemalige Sarazenenstadt **Lucera** ❯ S. 48. Tag 2: Die Burg Friedrichs II., der gotische Dom und Relikte aus daunischer Zeit lohnen den Besuch, genau wie der herrliche Panoramablick über ganz Nordapulien. Tag 3: Bei der Weiterreise öffnen sich weite Ausblicke auf den Tavoliere. **Troia** überrascht mit der schönsten Fensterrosette der ganzen Region in der reich skulptierten Fassade des romanischen Doms. Ein Blickfang auf dem Weg an die Küste ist die Kuppel des Doms von **Cerignola,** und von Weitem leuchten die Salzberge bei **Margherita di Savoia** › S. 52. Nach dem Museumsbesuch locken die Strände im Norden des Naturschutzgebietes, bei den Salinen.

Verkehrsmittel

Das Auto ist das geeignetste Verkehrsmittel, um selbst entlegene Strände zu erreichen. Zwischen den Orten verkehren Busse (www.sitapuglia.it, »Le linee in Puglia« anklicken; www.ferroviedelgargano.com, »Autolinee locali« anklicken). Für Bahnfans: Bummelzug von San Severo nach Peschici (www.ferroviedelgargano.com).

Nordapulien

0   20 km

San Nicola
2 **Isole Trèmiti**
Isola
San Domino

Torre di
M. Pucci   Peschici **3**
Rodi
Garganico **1**   Pineta Marzini
San Menaio   **3**   **6**
Vico del   Vieste
Gargano **4**

Torre
Mileto
Lago di
Varano
Parco
Foresta Umbra
Pugnochiuso
▲ **5**   Cala della
794   Pergola

Lesina   Sannicandro
Garganico   Cagnano
Varano   Baia d. Zagare
**Baia delle
Rose**
Poggio
Imperiale   **Nazionale**

PROMONTORIO DEL GARGANO
del Gargano
Mattinata

Apricena
S. Giovanni
Rotondo   **3**
8 Monte
S. Angelo
S. Marco
in Lámis   **9**
S. Severo   **3**
10   **7**
Manfredonia

ADRIATISCHES

Golfo di   **MEER**
Manfredonia

4
4 T a v o l i e r e

A p u l i e n   **159**   Margherita
di Savoia
13
Barletta
Lucera   Trinitápoli
11   **12** **Foggia**   **4**   Canne
S. Ferdinando   **16** d. Battaglia
di Puglia
4   Orta Nová   **545**
A14   **93**
Troia   Ordona   **161**   **16**   Ofanto
Cerignola

3   **Über die Halbinsel Gargano**   Rodi Garganico › Isole Tremiti › Vico del Gargano › Foresta Umbra › Peschici › Vieste › Monte Sant'Angelo › San Giovanni Rotondo › Manfredonia

4   **Tavoliere – die größte Ebene des Südens**   Foggia › San Severo › Lucera › Troia › Margherita di Savoia

Unterwegs in Nordapulien

Rodi Garganico

Vor dem Hintergrund immergrüner Kiefern erstreckt sich der Ort malerisch auf einem Felsvorsprung über dem Meer. Zwischen zwei langen Stränden liegen die weißen Häuser im gleißenden Licht. Der Corso Umberto öffnet sich an der Piazzetta wie ein Wohnzimmer. Hier trifft man sich abends, nach einem Strandtag am südlichen, 1 km langen feinen Sandstrand Lido del Sole. Camping- und Apartmentanlagen fügen sich hier ideal in die mediterrane Natur, man genießt Bars und Sportaktivitäten, Sonne und Animation. **Ein Erlebnis ist das Patronatsfest** am 2. und 3. Juli.

Echt gut !

Hotel

Villa Americana Park Hotel
Via Grossi 23][**Tel. 08 84 96 63 90**
www.villaamericana.it

Noch unberührt vom Massentourismus: die Halbinsel Gargano

Modernes großes Haus im Park mit Clubcharakter; Pool, Spielplatz und Garage, 900 m zum Privatstrand. ●—●●

Restaurant

Gabbiano
Via Trieste 16][**Tel. 08 84 96 61 82**
Terrasse direkt am Strand, typisch apulische Küche, das verwendete Olivenöl stammt aus eigenem Anbau. ●—●●

*Isole Tremiti ❷

Gute 20 km vom Festland entfernt liegt die kleine Tremiti-Inselgruppe, die aus den drei größeren Eilanden San Nicola, San Domino und Capraia sowie einigen Felsen rundherum besteht: ein echtes Paradies in der Adria!

San Nicola, Hauptort der gleichnamigen Insel, ist ganz von Mauern umgeben. Benediktiner errichteten hier im 11. Jh. die ungewöhnliche Abteikirche *Santa Maria a Mare. Um einen besseren Eindruck von den Befestigungsanlagen zu gewinnen, geht man hinaus auf die kahle Hochebene. Der Wind erfrischt, die Möwen schreien, am Ufer gegenüber taucht die Silhouette des Gargano auf, und die weißen Felsen des touristisch gut erschlossenen **San Domino** leuchten vor den grünen Pinien. Bevor man sich auf dieser Insel dem Badevergnügen am Sandstrand oder auf den Felsen hingibt, sei ein **Bootsausflug zu den Grotten von San Domino** empfohlen. Die spektakulären Felsformationen und das prächtige Farbenspiel im Wasser sind nur vom Meer aus zu bewundern.

Info

Kommune auf San Nicola
P.zza Castello][71040 Isole Tremiti
Tel. 08 82 46 30 63
www.lecinqueisole.it
www.isoletremiti.it (Italienisch)
www.isoletremiti.org (Italienisch)

Verkehr

Fährverbindungen: Im Sommer tgl. ab Rodi Garganico, Peschici, Vieste, Manfredonia; ganzjährig ab Termoli.

Peschici ❸

Strahlend weiß erheben sich die Häuser von Peschici (4300 Einw.) mit ihren grauen Kuppeln auf dem 90 m hohen Felsen über dem tiefblauen Meer. Im Sommer spielt sich das Leben in der Altstadt bis spät nachts im Freien ab. Im Westen Peschicis erstreckt sich der lange Sandstrand vor silbrig schimmernden Olivenhainen. Im Osten dagegen werden die Sandbuchten auf einer Länge von ca. 10 km nur noch von Hügeln mit verkohlten, schwarzen Stämmen gerahmt – Folge der verheerenden Brände im Juli 2007.

Hotel

D'Amato
Località Spiaggia
Tel. 08 84 96 34 15
www.hoteldamato.it

Mitte April–Okt. geöffnetes Strandhotel mit freundlichen Zimmern, Animation, Garten, Pools, Tennisplatz und Sauna. ●●—●●●

Ausflüge von Peschici

Vico del Gargano ❹

Eine kurvige Straße führt hinauf in die mittelalterlich geprägte Altstadt von Vico del Gargano, die zu Erkundungstouren einlädt. Hier oben spürt man noch etwas von der jahrhundertelangen Isolation und Armut des Städtchens, das hoch oberhalb des Meeres liegt. Interessant ist die **Besichtigung der alten Ölmühle** im Viertel Castello (Trappeto Maratea).

Restaurant

Il Trappeto
Via Casale 168][**Tel. 08 84 96 10 03**
Man speist in einer alten, in den Felsen gegrabenen Ölmühle. Das Olivenöl, mit dem das Bio-Gemüse angemacht ist, stammt aus eigenem Anbau. ●—●●

*Foresta Umbra ❺

Erholsam ist ein Ausflug hinauf in den dichten Foresta Umbra. Der einzige größere Wald Apuliens reicht hinauf bis zu Berghöhen über 800 m. Das Gebiet mit majestätischen Laubbäumen wie Buchen und Eichen, einem idyllischen See sowie Gehegen mit Hirschen und Mufflons steht seit 1991 unter Naturschutz. Die 10 500 ha kann man wunderbar auf den 15 gut ausgeschilderten Wanderwegen erkunden. Picknickplätze laden zu ruhigen Pausen unter alten Bäumen ein.

Info

Nationalpark Gargano
Am See][**an der Straße von Vieste**
www.parcogargano.it
Palmsonntag bis Anf. Okt. tgl. 9–19 Uhr
Hier kann man Karten kaufen und
Fahrräder ausleihen.

*Vieste ⑥

Das Zentrum des Gargano (13 400 Einw.) wartet mit einer intakten, liebenswerten mittelalterlichen Altstadt auf. Treppauf, treppab, durch Torbogen und Gässchen bummelt man entlang den weiß getünchten Häusern, die sich unter dem mächtigen, von Friedrich II. erbauten Kastell ducken, das im Besitz der Marine ist. An ihrem barocken Campanile weithin erkennbar ist die dreischiffige **Kathedrale** (11. Jh.).

Am Ende der weit ins Meer ragenden Halbinsel schließt die aus weißem Vieste-Tuff gebaute Renaissancekirche **San Francesco** das alte Zentrum markant ab. Von hier genießt man einen herrlichen Blick auf den Sandstrand im Süden der Stadt. Unterhalb der steilen Felswand erhebt sich Viestes Wahrzeichen: der freistehende, weiß im Sonnenlicht glänzende, 27 m hohe Monolith ***Pizzomunno.** Kinder werden begeistert sein vom Muschelmuseum Museo Malacologico an der Piazza Vittorio Emanuele.

Mit Blasmusik, Feuerwerk und Prozessionen werden die Feste zu Ehren der Heiligen begangen. Am 23. April für San Giorgio mit Pferderennen am Strand; vom 8. bis 10. Mai für Santa Maria di Merina und am 1. Samstag im September für Stella Maris mit Markt und Essens-Ständen.

Info

■ **IAT**
Piazza Kennedy 1][**71019 Vieste**
Tel. 08 84 70 88 06
www.viesteonline.it
■ **Infos zu Unterkünften**
www.vieste.it
www.gargano-vacanze.com

Hotels

■ **Pizzomunno Vieste Palace**
Lungomare E. Mattei
Tel. 08 84 70 87 41][**www.valtur.it**
Wunderschön im Pinienhain, 100 m
vom Strand entfernt, liegt der weiße
Komplex des komfortablen Valtur-
Clubs mit 190 Zimmern und Pool.
Mai–Sept. ●●–●●●
■ **Seggio**
Via Veste 7][**Tel. 08 84 70 81 23**
www.hotelseggio.it
Gepflegtes Hotel in der Altstadt im
ehemaligen Sitz der Stadtverwaltung
(17. Jh.). Eigener Strandzugang, Pool,
traumhafte Aussicht. ●●–●●●

Restaurants

■ **Ristorante Veste**
Via Duomo 14][**Tel. 08 84 70 64 11**
Kleines, gemütliches Lokal mit
bester apulischer Hausmannskost
mit einem Schuss Raffinesse und den
Spitzenweinen Apuliens. ●●

■ **Box 19**
Via Santa Maria di Merino 13
Tel. 08 84 70 52 29

Romantische Abendstimmung in Vieste

Direkt am Meer, gute Gemüse- und Fischküche. Mo geschl. ●—●●

Shopping

Ein Genuss für Auge und Gaumen ist der Markt in der Via Eduardo Jenner (tgl. bis abends). Souvenirs und Kunsthandwerk findet man in den Gassen Seggio und Mafrolla, z.B. original apulische fischietti (Pfeifchen) bei Artigianato Pipoli (Via Mafrolla 24).

Aktivitäten

Ob Windsurfen, Kitesurfen oder Wellenreiten: In der Bucht Santa Maria, 5 km nördl. von Vieste, trifft sich die Jugend zum Wasserspaß. Auch Kurse für Anfänger. Shuttleservice zu umliegenden Buchten bei Windstille. Weitere Infos unter www.garganosurf.com

Manfredonia 7

Auf den ersten Blick wirkt die 57 000 Einwohner-Stadt mit ihrer hässlichen Raffinerie nicht gerade einladend. Doch ist man erst einmal bis in die gut gepflegte, rechtwinklig angelegte Altstadt vorgedrungen, entdeckt man eine liebenswürdige süditalienische Stadt voller Geschäftigkeit.

Manfred, der Sohn Friedrichs II., gründete 1256 den nach ihm benannten Ort und ließ das Kastell errichten. Es beherbergt heute das **Museo Nazionale Archeologico del Gargano,** eine einzigartige Sammlung von Grabstelen der Daunier ❭ S. 26 aus dem 7./6. Jh. v. Chr. Die Ritzzeichnungen auf diesen Kalkstelen zeigen bewaffnete Männer und Frauen in reich verzierten Kleidern (tgl. 8.30–19.30 Uhr).

Hotel

Gabbiano
Viale Eunostides 20
Siponto (2 km südl.)
Tel. 08 84 54 25 54
www.albergogabbiano.it

150 m vom Strand gelegenes ruhiges Haus mit Garten und angeschlossener Pizzeria. 36 Zimmer. ●●

Restaurant

Coppolarossa
Via dei Celestini 13
Tel. 08 84 58 25 22
Sehr gutes Fischrestaurant mit wunderbaren Antipasti di Mare vom Buffet. So abends, Mo geschl. ●●

Monte Sant'Angelo 🔟

Die für den Ort (13 600 Einw.) charakteristischen weißen »Reihenhäuschen« der Altstadt begrüßen die Gäste bei der Fahrt zum 18 m hohen Normannenturm des mehrfach erweiterten **Kastells** (Mitte Juli bis Mitte Sept. tgl. 9–21, sonst 9–13, 14.30–19 Uhr).

Der achteckige schöne Campanile bewacht den Eingang zum *Heiligtum des Erzengels Michael,** der im Jahr 493 in einer Grotte erschienen sein soll. 89 Stufen führen hinunter in die suggestive Atmosphäre dieses Pilgerortes. Auf einer 1076 in Konstantinopel gearbeitete Bronzetür wird in 24 Szenen vom Wirken Michaels erzählt (Krypten der Basilika, Sommer Mo–Sa 7.30–12.30, 14.30–19, So 7–19, Winter Mo–Sa 7.30–12.30, 14.30–17, So, Fei 7.30–17 Uhr).

Schräg gegenüber dem Grottenheiligtum liegt **einer der großartigsten romanischen Komplexe ganz Apuliens.** Er besteht aus drei Teilen: Der Kuppelbau über

Echt gut!

quadratischem Grundriss wird ****Tomba di Rotari** (Grab des Langobardenkönigs Rothari) genannt und war vermutlich ein Baptisterium. Er besitzt meisterhafte romanische Reliefs. Von der benachbarten, ebenfalls romanischen Kirche ***San Pietro** blieb nur die Apsis. Rechts steht die freskengeschmückte Kirche ***Santa Maria Maggiore.**

Ein auch für Kinder interessantes ***Volkskundemuseum** ist im früheren Franziskanerkloster beheimatet (Museo di Arte e Tradizioni popolari del Gargano; Juni bisSept. tgl. 9–13, 14.30–19, sonst bis 18 Uhr).

Info

Eco Gargano
Vico Orto Cappuccini 6
71037 Monte Sant'Angelo
Tel. 08 84 56 54 44
www.ecogargano.it
Organisiert geführte Exkursionen in den Gargano. Infos auch im Kastell.

Hotel

Palace San Michele
Via Madonna degli Angeli
Tel. 08 84 56 56 53
www.palacehotelsanmichele.it
Elegantes Hotel in einem ehemaligen Kloster. Pool, Wellness-Angebote. ●●●

Restaurant

Medioevo
Via Castello 21][**Tel. 08 84 56 53 56**
Hier werden in mittelalterlichem Ambiente die typischen Gerichte des Gargano serviert, z.B. geschorte Fleischsorten. Im Winter Mo geschl.
●—●●●

San Giovanni Rotondo 9

Wer sich für zeitgenössische Kunst interessiert oder einmal mitten in die laute, lebensfrohe süditalienische Frömmigkeit eintauchen möchte, dem sei der Abstecher in die 27 000-Einwohner-Stadt empfohlen. Fast in jedem süditalienischen Haushalt hängt ein Bild von Padre Pio, jenem 1986 verstorbenen, asketisch lebenden Mönch, der 2002 heiliggesprochen wurde. In die Krypta von **Santa Maria delle Grazie,** neben dem von Padre Pio gegründeten riesigen Hospitalkomplex, pilgern jährlich Hunderttausende, um die Gebeine des Heiligen zu verehren.

Welche Bedeutung Padre Pio heute zukommt, kann man auch am enormen Bauboom des schnell wachsenden Ortes erkennen, sowie am neuen, 2004 nur wenige Meter von der alten Kirche eingeweihten Sakralbau. Stararchitekt Renzo Piano verwirklichte hier den mit 45,80 m größten steinernen Bogen der Welt für das Holz- und Stahlgewölbe. Zeitgenössische Künstler wie Giuliano Vangi (rechte Kanzel), Arnaldo Pomodoro (Bronzekreuz über dem Altar) und Domenico Palladino (Bronzetür) wirkten an der 6500 Gläubige fassenden **Chiesa di San Pio da Pietrelcina** mit, deren Konzept eine Art offenen Raum vorsieht, der sich um den Bau herum erweitert und weitere 30 000 Personen aufnimmt.

Restaurant

Opus Wine
Traversa Castellana 12
Tel. 08 82 45 64 13
Enothek mit sehr guten lokalen Wurst- und Käsesorten, auch warme apulische Spezialitäten. So geschl. ●—●●

San Severo 10

Hierher fährt man, um gut zu essen und gut zu trinken. Einst war die Stadt (56 000 Einw.) der Hauptort des Tavoliere, heute ist sie durch den exzellenten Weißwein San Severo DOC bekannt. Das agrarisch geprägte Umland liefert die Produkte für die ausgezeichneten, auf traditionelle Gerichte spezialisierten Restaurants.

In dem netten historischen Zentrum, das nach einem verheerenden Erdbeben 1627 in barocker Bauweise neu entstand, wirft

Die neue Kirche in San Giovanni

man noch einen Blick in die barocke Kathedrale Santa Maria Assunta.

Hotel

Hotel Milano
Via Teano Appulo 15
Tel. 08 82 37 56 43
www.hotelmilanosansevero.it
Kinderfreundlicher Familienbetrieb mit 56 Zimmern und Restaurant. ●●

Restaurants

■ **La Fossa del Grano**
Via Minuziano 63
Tel. 08 82 24 11 22
Köstliche Getreidegerichte, etwa *orecchiette* aus geröstetem Korn mit Ricotta-Käse. Sehr gute Antipasti-Auswahl, dazu werden hervorragende Weine kredenzt. Im Winter So abends, Mo geschl. ●●–●●●

■ **La Locanda di Bacco**
Via Soccorso 142
Tel. 08 82 22 61 21
Schönes Ambiente, im alten Stadtkern von San Severo gelegen. Serviert werden delikate Gemüse- und Fleisch-

gerichte, auch Pferdefleisch! Im Winter Mo geschl. ●●

Shopping

■ **Cantina Sociale di San Severo**
Via San Bernardino 94
Tel. 08 82 22 11 25
www.anticacantina.it
Ausgezeichnete San Severo Bianco DOC-, gute Rosé- und Rotweine.

■ **Cantine D'Aprì**
Via Zannotti 30][**Tel. 08 82 22 76 43**
www.darapri.it
In Apulien wird nur in San Severo Spumante produziert. Dies ist die beste Adresse für einen Einkauf.

Lucera 🔟

Im Landwirtschaftszentrum Lucera (35 000 Einw.) genießt man vor der Mauer des ***Kastells** von Karl I. von Anjou am Rand der Altstadt ❯ S. 49 einen **überwältigenden Blick auf den Tavoliere** und weit hinein in den daunischen Apennin. Friedrich II. hatte in Lucera Sarazenen aus Sizilien angesiedelt, die auch seine Leibwache stellten, und den inneren ***Palast** errichten lassen.

Mitten in der Altstadt erhebt sich der von Karl II. 1300 begonnene gotische ***Dom** mit einer schlichten, durch nur einen fertiggestellten Turm asymmetrischen Fassade. Der dreischiffige Innenraum ist hingegen überreich ausgestattet.

Hinter dem Dom folgt man der Via De Nicastri zum ***Museo Civico Giuseppe Fiorelli,** in dem Funde aus der daunischen und römischen Zeit Luceras warten

Kastell von Lucera

Special

Das Kind von Apulien – Friedrich II.

Federico Secondo (1194–1250): Kaiser des Heiligen Römischen Reiches Deutscher Nation, König von Sizilien, Muslimfreund und Arabist, der auf seinen Feldzügen Harem und Raubkatzen mit sich führte und bei Dante in die Hölle verbannt wurde: Diese auch heute noch faszinierende Persönlichkeit ist nirgendwo so greifbar wie in Apulien. Zwar wurde Friedrich in Iesi (bei Ancona) geboren, aber er liebte das Land, nach dem ihn das staunende Deutschland benannte: Kind (puer) von Apulien. 21-jährig wurde er in Aachen zum deutschen König gekrönt. Übrigens: Auf Italienisch schrieb er hinreißende Liebesgedichte, Deutsch sprach er allenfalls stockend.

Zu den Lieblingsbeschäftigungen Friedrichs zählte die Falkenjagd, über die er sogar eine Abhandlung schrieb. Der heute bedrohte Rötelfalke ist auch das Symbol des 2004 in den von Friedrich so geliebten Murge eingerichteten Nationalparks Alta Murgia ❯ S. 78. Alles rund um Friedrich II., ausführlich in Italienisch, kurz in Deutsch, bietet www.stupormundi.it

Buch-Tipp Herbert Nette, **Friedrich II. von Hohenstaufen,** knapp gefasste rororo-Monografie (Bd. 50222, Reinbek 2003).

Nicht nur Castel del Monte

Dieses Highlight ❯ S. 65 wird kaum jemand auslassen. Doch der Geist Federicos ist auch an anderen Orten präsent: z.B. in der eigenartigen Sarazenensiedlung Lucera, in der die islamische Leibgarde des Staufers den Thron-

die staufische Stadt, heute wird hier gegraben.
Castelfiorentino
frei zugänglich

Wie sah Friedrich aus?

Rotblond, bartlos, kurzsichtig hätte er als Sklave laut einem islamischen Chronisten »keine 200 Dirhems eingebracht«. Doch Friedrich sah sich anders: Wie einen römischen Imperator zeigt ihn die Büste im Museum von Barletta, die als realistischstes Porträt des Kaisers gilt.
Castello di Barletta
Di–So 9–13, 15–19 Uhr

Friedrich heute

Er ist so lebendig, als wäre er nie gestorben; sein kaiserlicher Auftritt im Internet dient der umfassenden Information der Untertanen. Auch sonst ist der Staufer topaktuell: Nicht nur Wein oder Olivenöl werden gern mit dem Federico-Logo vermarktet, auch Auch die Musikindustrie, Restaurants und Badeanstalten schreiben seinen Namen auf ihre Werbefahne. Prächtige historische Festzüge in Oria und der von ihm gegründeten Sarazenenstadt Lucera präsentieren Friedrich live!

■ **Oria:** Corteo Storico di Federico II, 2. August-Woche bis 15. Aug.

■ **Lucera:** Sarazenenfest: Corteo Storico in der Woche vom 8.–15. Aug.; Infos unter Tel. 8 00 76 76 06

■ **Lagopesole:** Notti de Federico II. Von Mitte Juli bis Mitte Aug. geben sich Theater und Jazz im Castello Lagopesole ein Stelldichein. Infos: Tel. 0 97 18 62 51

schatz hütete. Das Castello, aus dem die Moslems 1300 vertrieben wurden, wirkt mit seinen gigantischen Außenmauern und Freiflächen wie ein riesiges Zeltlager.
Fortezza Lucera
ganzjährig Di–So, Fei 9–14, April–Okt. Di–Fr auch 15–19 Uhr, Tel. 8 00 76 76 06; Eintritt frei

Friedrich als Gewaltmensch? Das erzählen jedenfalls die Ciceroni von Gioia del Colle. Hier soll der rasend eifersüchtige Friedrich seine Geliebte Bianca Lancia während ihrer Schwangerschaft in einen Turm gesperrt haben. Bianca soll ihm den neugeborenen Sohn Manfred zusammen mit ihren abgeschnittenen Brüsten als Beweis der Treue zugesandt haben.
Castello di Gioia del Colle
ganzjährig tgl. 8.30–19.15 Uhr

Echte Friedrich-Interessierte werden auch seinen von Greifvögeln umschwebten Sterbeort Castelfiorentino, 9 km südlich von Torremaggiore (Foggia), aufsuchen. Bereits 1255 zerstörten die Anjou

Karte
Seite 41

Hauptstädtisch-repräsentativ: die Piazza Ugo Giordano in Foggia

(Wiedereröffnung voraussichtl. im Sommer 2009). Probieren Sie doch auch den intensiv und leicht nach Gewürzen und roten Beeren schmeckenden **lokalen Rotwein Cacc'e mitte** (das heißt etwa »Kipp runter und schenk nach«).

Hotel

Le Foglie di Acanto
Via Frattarolo 3
Tel. 08 81 54 66 91
www.lefogliediacanto.it
Gehobenes B&B, absolut stilvoll in einem alten Palazzo, lichte große Zimmer mit antiken Möbeln, Garten. ●●

Restaurant

Il Cortiletto
Via De Nicastri 26
Tel. 08 81 54 25 54
Ausgesuchte Puglieser Speisen in einem noblen Palazzo des 18. Jhs bzw. im schönen Innenhof. Unbedingt reservieren. So abends geschl. ●●●

Foggia 🔢

Friedrich II., der im Tavoliere, der größten Ebene Süditaliens, seine großen landwirtschaftlichen Musterbetriebe aufbauen ließ, schätzte die Landschaft um die heutige Hauptstadt (153 000 Einw.) der Provinz Foggia angeblich besonders. Der Kaiser besaß in Foggia eine berühmte Residenz. Doch blieb von dem einst so prächtigen Bau nichts außer einer *Archivolte (einem Rundbogen) an der hinteren Seite des **Palazzo Arpi.**

Der Palast beherbergt das reich bestückte, neu strukturierte *Museo Civico. Die Sammlung reicht von steinzeitlicher Keramik über Münzen Friedrichs II. bis zur Malerei de 19. Jhs. Wer die Sonnen und grotesken Masken aus den Souvenirläden kennt, sieht hier ihre Vorbilder aus dem 5. Jh. v. Chr. (Di–Sa 9–13, Di, Do auch

16–19 Uhr). Ansonsten trägt die Hauptstadt der gleichnamigen Provinz ein eher modernes Antlitz. Hierzu trug neben der Industrie auch ein Erdbeben bei, das die Stadt 1731 fast vollständig zerstörte.

Info

APT
Via Perrone 17][71100 Foggia
Tel. 08 81 72 31 41

Hotel

Del Cacciatore
Via P. Mascagni 12
Tel. 08 81 77 18 39
www.albergodelcacciatore.it
Freundlicher Familienbetrieb in einem Palazzo aus dem 18. Jh. im Stadtzentrum; gutes Restaurant. ●●

Restaurant

Da Pompeo
Vico al Piano 14
Tel. 08 81 72 46 40
Traditionelle Küche des Tavoliere, hausgemachte Nudeln. So geschl. ●●

Margherita di Savoia 🔟

Weiß leuchten die Salzberge am Meer und in über 500 Becken. Auf einer Länge von 20 km bzw. auf 4000 ha dreht sich alles nur ums Salz, und das schon seit dem 3. Jh. v. Chr. Bis 1879 hieß die Stadt (12 800 Einw.) auch einfach Saline di Barletta, dann erst erhielt sie ihren heutigen Namen nach der ersten italienischen Königin. Die Saline ist eine der größ-

ten Europas und Tausende Vögel nutzen die weiten Wasserflächen als Brut- und Durchzugsstation. Seit 1977 steht das Gebiet, das die größte Kolonie der berühmten, ganz rosa Großen Flamingos in Italien beherbergt, unter Naturschutz. Heute lebt die Stadt auch vom Thermal- und Badetourismus an ihrem flachen weiten Sandstrand. Alles über die Salzgewinnung erfahren Sie im **Museo storico della Salina** im Torre delle Saline aus dem 16. Jh. (Corso Vittorio Emanuele 99, im Sommer tgl. 19–23, Winter Mo–Fr 10–12 Uhr, www.museosalina.it; hier auch Infos zur Besichtigung der Salinen, Tel. 08 83 65 75 19, 33 86 21 63 49).

Hotels

■ **Grand Hotel Terme**
Corso Garibaldi 1
Tel. 08 83 65 68 88
www.termemargherita.it
Direkt am Lungomare, elegante Zimmer mit Balkon, Privatstrand mit Kinderclub. Thermalanwendungen, Beauty- und Wellness-Center, polinesische Rituale mit Blumen für weiche Hände und Füße. Mai–Okt. ●●●

■ **La Perla delle Saline**
Via Armellina 16
Tel. 08 83 65 10 91
www.laperladellesaline.com
B&B im 1. Stock eines Hauses im Norden der Stadt ganz nahe am Strand, angenehme Atmosphäre, gepflegte Zimmer, Restaurant. ●

Bis heute sind nicht alle Fragen rund um das unvergleichliche Castel del Monte geklärt

Mittelapulien

Nicht verpassen!

- ■ Übernachten in einem Trullo
- ■ Das pulsierende Nachtleben auf Baris Piazza Mercantile
- ■ Von Castel del Monte den Blick übers Land schweifen lassen
- ■ In Altamura einen Padre Peppe, den berühmten Nussschnaps, trinken
- ■ Den heißen Sommer in der kühlen Grotte in Castellana vergessen
- ■ Am Strand von Marina di Ostuni Sonne und Meer genießen

Zur Orientierung

Keine andere Region Italiens fasziniert durch eine derartige Dichte romanischer Kirchen, wehrhafter Kastelle, tiefer Schluchten und Höhlen wie Mittelapulien, das Land zwischen Le Murge, dem Kreidekalkplateau Apuliens, und dem Meer. Großartige Ausblicke reichen von den in mehreren Stufen ansteigenden karstigen Hügeln bis zur Küste mit ihren lebhaften, oft sehr stimmungsvollen Hafenstädten. Dabei überraschen selbst die heute weitgehend modern geprägten Küstenstädte Bari, Molfetta, Trani und Barletta mit ihren Stadtzentren: enge, verwinkelte Gassen, südliches Flair und schönste romanische Kathedralen. Zu den spektakulärsten Sehenswürdigkeiten zählen Castel del Monte, die größte Tropfsteinhöhle Italiens bei Castellana Grotte sowie die kleinen, runden und mörtellose Steinhäuser, die Trulli – absolutes Highlight ist Alberobello. Die kilometerlangen Sandstrände nördlich von Brindisi bieten beste Bademöglichkeiten, etwa in Polignano, Monopoli oder Marina di Ostuni. Und nicht zuletzt wartet das Hinterland der Traumstrände um Castellaneta Marina mit einer einzigartigen Landschaft und ausgefallenen Sehenswürdigkeiten auf. Tiefe Schluchten durchschneiden die Karstflächen. In ihren Grotten lebten bereits seit frühgeschichtlichen Zeiten Menschen.

Touren in der Region

Romanik am Meer

⑤ Bari › Molfetta › Trani › Barletta

Länge: 4 Tage, 60 km
Praktische Hinweise: Für die Besichtigung der Kirchen an geeignete Kleidung denken. In den Altstädten, vor allem in Bari, sollte man Wertsachen, Fotoapparate und Geld nicht offen zur Schau stellen.

Apuliens Hauptstadt ***Bari ›** S. 58 lohnt die Entdeckung (2 Tage). Wie eine arabische Kasbah präsentiert sich die verschachtelte Altstadt mit ihren weißen Häusern. Jedoch bestaunt man hier keine Moscheen, sondern ein Stauferkastell und zwei bedeutende romanische Kirchen. Den Kontrapunkt zu den verwinkelten Gassen des mittelalterlichen Zentrums setzt die moderne Neustadt. Kunstgenuss, Shopping und Nachtleben lassen sich hier bestens miteinander verbinden. Tag 3: Weiter geht es zur größten romanischen Kuppelkirche Apuliens in **Molfetta ›** S. 62. Tiefblau das Meer und der Himmel, leuchtend weiß der Stein: Die Königin der Kathedralen, San Nicola Pellegrino, erhebt sich in ***Trani ›** S. 62 direkt am Meer. Am Abend flaniert man am hübschen Hafenbecken mit den bunten Fischerbooten entlang, am Tag darauf bewundert man in ***Barletta** ❯ S. 63 ein mächtiges Kastell, eine schon ins Gotische übergehende elegante Kathedrale und den berühmtesten Impressionisten Italiens, Giuseppe De Nittis, dem ein eigenes Museum gewidmet ist.

Kultur und Natur im Nationalpark Alta Murgia

⬤⑥❯ **Canosa di Puglia ❯ Canne della Battaglia ❯ Castel del Monte ❯ Ruvo di Puglia ❯ Bitonto ❯ Altamura ❯ Gravina in Puglia**

Länge: 4–5 Tage, 130 km
Praktische Hinweise: Das Nationalparkzentrum bietet geführte Touren an. Individuelle Auto- und Wandertouren-Vorschläge findet man auch im Internet; Infos: Via Meucci 10, Gravina in Puglia,
Tel. 08 03 26 22 68,
www.parcoaltamurgia.it

Tag 1: Die Tour beginnt in **Canosa di Puglia** ❯ S. 64 im Nordosten des Nationalparks Alta Murgia. In der Nähe besiegte einst Hannibal die Römer in der berühmten Schlacht von **Cannae** ❯ S. 64. Tag 2: Über das freundliche Andria fährt man schnurgerade hinauf zu einem Wahrzeichen Apuliens, dem einzigartigen *****Castel del Monte** ❯ S. 65. Im kleinen **Ruvo di Puglia** ❯ S. 66 stehen die schönsten attischen Vasen der Region im feinen ***Museo Jatta**. Weite Olivenplantagen und Weinreben prägen das Landschaftsbild. Ein herrliches Portal ziert die romanische Kathedrale von **Bitonto** ❯ S. 66, von wo auch das beste Olivenöl Apuliens, das *Cima di Bitonto,* stammt. Am nächsten Tag kann man zum Öl das passende, nur auf der höchsten Stufe der Murgia, in **Altamura** ❯ S. 77, gebackene gelbliche Brot Pane di Altamura erstehen. Kulinarische Spezialitäten, ein peuketischer Krieger und natürlich eine beachtliche romanische Kathedrale mit wunderbar gemeißeltem Portal warten in der durch viele Innenhöfe charakterisierten Altstadt. Tag 4: Kahle Hügelkuppen, offenes Weideland, fast steppenartig zeigt sich die Murgia hier, nur unterbrochen von kleinen Eichenwäldern. Renaissance-Dom und byzantinische Fresken, eine der spektakulärsten Schluchten Apuliens und eine exzellente Osteria: Auch **Gravina in Puglia** ❯ S. 76 lohnt die Anfahrt.

Ins Tal der weißen Trulli

⬤⑦❯ **Polignano a Mare ❯ Monopoli ❯ Egnazia ❯ Marina di Ostuni ❯ Castellana Grotte ❯ Alberobello ❯ Locorotondo ❯ Martina Franca ❯ Cisternino ❯ Ostuni ❯ Brindisi**

Länge: 6 Tage, 170 km
Praktische Hinweise: Wer im Trullo oder in einer Masseria übernachten möchte, sollte im

Sommer rechtzeitig buchen. Rechnen Sie mit Touristenrummel in Alberobello und Wartezeiten an der Grotte in Castellana. Pullover nicht vergessen, in der Grotte herrschen konstant 16°C!

Wunderbar klares Wasser, kleinste Felsbuchten, kilometerlange Sandstrände: Die Küste zwischen Polignano a Mare und Brindisi lädt zum Baden ein. Deshalb ruhig 3 Tage für die Küste einplanen. In ***Polignano a Mare ›** S. 67 zischt die Gischt an Sturmtagen bis hoch zu den Panoramaterras-

5 Romanik am Meer Bari › Molfetta › Trani › Barletta

6 Kultur und Natur im Nationalpark Alta Murgia Canosa di Puglia › Canne della Battaglia › Castel del Monte › Ruvo di Puglia › Bitonto › Altamura › Gravina in Puglia

sen der Altstadt, in **Monopoli**
❯ S. 68 schaukeln die Fischerboote sanft im kleinen Hafen, in ***Egnazia** ❯ S. 69 liegen die antiken
Ausgrabungen schon fast in der
Adria. **Marina di Ostuni** ❯ S. 73,
das sind 17 km Strand, auch mit
kleinen, von Felsen umgebenen
Sandbuchten, Dünen, Kieselstein-

chen, davor das blaue Meer, dahinter eine duftende Macchia.
Das Hinterland lockt mit seinen
Olivenbäumen und Trulli, den
einsamen Masserie und den netten Städtchen. Tag 4 gehört der
größten ****Karsthöhle Italiens** in
Castellana Grotte ❯ S. 68 und
*Alberobello ❯ S. 69 mit seinen

Mittelapulien

0   20 km

A D R I A T I S C H E S

M E E R

7 **Ins Tal der weißen Trulli** **Polignano a Mare** ❯ **Monopoli** ❯ **Egnazia** ❯ **Marina di Ostuni** ❯ **Castellana Grotte** ❯ **Alberobello** ❯ **Locorotondo** ❯ **Martina
Franca** ❯ **Cisternino** ❯ **Ostuni** ❯ **Brindisi**

berühmten *****Trulli. Tag 5: Der exzellente Weißwein und die grandiose Aussicht ziehen nach ***Locorotondo** ❯ S. 71. Barock in Weiß charakterisiert das schicke ***Martina Franca** ❯ S. 72, in dem im Juli das Festival della Valle d'Itria zum Opernabend einlädt. Ganz in Weiß gibt sich die griechisch anmutende enge Altstadt von ***Cisternino** ❯ S. 74 und ebenfalls weiß leuchten die Häuser am Hügel in ***Ostuni** ❯ S. 73: Ein wenig griechisches Flair, schließlich fahren seit römischer Zeit die meisten Schiffe von **Brindisi** ❯ S. 74 aus Richtung Hellas.

Verkehrsmittel

Um die Küstenstädte zu besuchen, ist die Bahn ein ideales und dazu auch noch günstiges Verkehrsmittel. Infos unter: www.ferroviedel lostato.it, www.ferrovienordbare se.it, www.fseonline.it. Für alle, die auch das Hinterland besichtigen möchten, ist ein Auto empfehlenswert. Zwar erreicht man auch mit dem Linienbus alle Ortschaften, doch das ist natürlich wesentlich umständlicher. Nähere Infos dazu unter: www.sitapuglia. it, dort dann »Le linee in Puglia« anklicken.

Unterwegs in Mittelapulien

 ***Bari** 🔳

Verwinkelte Gassen, weiße Mauern, überragt von den eindrucksvollen romanischen Kirchen San Nicola und San Sabino, elegante Fußgängerzonen, breite Boulevards: Beides ist Bari, das aus einer malerischen mittelalterlichen Altstadt und der modernen Neustadt besteht. Apuliens Hauptstadt (322 500 Einw.) ist berühmt-berüchtigt für ihr Verkehrschaos und eine hohe Kriminalitätsrate.

Altstadt

Der elegante Boulevard Corso Vittorio Emanuele II trennt die Neustadt von den Gässchen der Altstadt. Den krönenden Abschluss der Prachtstraße zum Meer hin bildet das **Politeama** Ⓐ, 1914 als Varietétheater eingeweiht. Dahinter öffnet sich das stimmungsvolle Rund des **Alten Hafens.** Nur wenige Schritte führen in die Altstadt zur **Piazza Mercantile.** Hier trafen sich einst die führenden Schichten Baris im prächtigen **Sedile dei Nobili,** heute sind hier am Abend die Restaurants und Bars gut besucht.

**Basilica San Nicola Ⓑ

Entlang der mittelalterlichen Stadtmauer kommt man zum bedeutendsten Monument Baris, dem Prototyp der romanischen Kirchen in Apulien. Der Bau wurde 1087 begonnen, um die Reliquien des hl. Nikolaus aufzunehmen. Seeleute aus Bari hatten diese 1087 bei einer Handelsfahrt nach Kleinasien, »von Gott inspiriert«, der türkischen Mittelmeerstadt Myra geraubt. Die sterblichen Überreste des im Orient wie im Abendland verehrten Heiligen versprachen der Stadt ein ungeheures Prestige. Der einsetzende Pilgerstrom war für Bari äußerst profitabel. Noch heute wird zweimal jährlich sehr aufwendig das Nikolausfest begangen ❯ S. 33.

Hoch aufragend präsentiert sich die Kirchenfassade, die zwei auf Säulen aufsetzende Lisenen gliedern. Besonders das ***Mittelportal** besitzt ein reiches Baudekor. Die Vielfalt der Verzierungen an den Westportalen und den Eingängen auf beiden Seiten des Langhauses bezeugt byzantinische, islamische und antike Einflüsse. Besonders schön ist die ***Porta dei Leoni.**

Mit der **Ostfassade** wurde erstmals eine Schaufassade zum Meer hin errichtet: Das prächtig gerahmte Mittelfenster von San Nicola musste für die per Schiff anreisenden Pilger wie ein verheißungsvolles Portal wirken.

Der dreischiffige Innenraum verlor durch die nach einem Erdbeben 1456 eingezogenen Stützbogen seine ursprüngliche Gestalt. Im Altarbereich steht hinter dem orientalisch anmutenden ältesten ***Ziborium** dieser Art in Apulien (um 1150) der ****Bischofsstuhl des Elias.** Man sollte noch einen Blick in die 1089 fertiggestellte neunschiffige ***Krypta** werfen, allein wegen der 28 Säulen aus verschiedenen Steinarten.

Die romanische Basilica San Nicola

**Kathedrale San Sabino

1166 begannen die Bareser mit dem Neubau der Kathedrale San Sabino auf den Resten ihrer byzantinischen Vorgängerin nach dem Vorbild von San Nicola. So verstecken sich auch die Chorapsiden von San Sabino hinter einem geraden Abschluss und machen die ***Ostseite** zu einer prachtvollen Schaufront. Ihr Mittelfenster übertrifft das Modell sogar noch: Bogen und Gesimse sind mit Naturmotiven reich verziert, mit seinen klassisch schönen Elefanten und Sphingen ist es eines der **Hauptwerke der romanischen Skulptur des 12. Jhs.** Eine echte Innovation waren damals die großartigen Fensterrosen des Querhauses und v.a. die Westfassade mit ihren Skulpturen.

Das Mittelschiff ragt hoch auf, seine dreigeschossige Wand ruht auf Rundbogenarkaden mit schlanken Säulen. ***Kanzel** und ***Ziborium** wurden erst Mitte des 20. Jhs. aus mittelalterlichen Originalteilen wieder zusammengesetzt. Rechts von der Kathedrale zeigt in der Via Dottula das **Museo Diocesano** u.a. die außergewöhnlichen ***Exultet-Rollen** aus dem 11. Jh. (Mai–Sept. tgl. außer Fr, für den Winter (Okt.–März) Infos unter Tel. 08 05 21 00 64; Spende erwünscht).

*Castello Svevo

Die mächtigen Eckbastionen des imposanten Kastells entstanden zu Beginn des 16. Jhs., um die Residenz der Isabella von Aragon besser zu schützen. Den inneren trapezförmigen Bau mit den hohen Wehrtürmen ordnete Friedrich II. schon 1233 an. Er erweiterte eine bereits existierende normannische Burg. Unter der Freitreppe des Innenhofes liegt der Zugang zur äußerst sehenswerten ***Gipsoteca Provinciale.** Dank der ausgestellten Gipsabgüsse kann man die sonst oft weit oben angebrachten Skulpturen aus nächster Nähe betrachten (tgl. außer Mi 9–19 Uhr).

Neustadt

In der rechtwinklig angelegten Neustadt stechen seit der Mussolinizeit einige Monumentalbauten ins Auge. Das 1903 eingeweihte ***Teatro Petruzzelli** , das viertgrößte Opernhaus Italiens und der Stolz Baris, wurde 1991 Opfer von Brandstiftern. Bis 2009 dauerte der Wiederaufbau.

Die ****Pinacoteca Provinciale** im Palazzo della Provincia südlich des alten Hafens ist die umfangreichste Gemälde-sammlung der Region und bezeugt u.a. mit Arbeiten Tintorettos und Veroneses sowie der Familie Vivarini die enge Verbindung zwischen Apulien und Venedig (Di–Sa 9–13, 16–19, So 9–13 Uhr).

Ein Stück westlich, rund um die **Via Sparano** liegt die Fußgängerzone mit eleganten Geschäften und Cafés. Für eine angenehme Pause eignet sich die elegante alte Bar Stoppani (Via Roberto da Bari 79).

Einladend wirkt die Piazza Umberto I mit ihren gepflegten Anlagen. Der imposante Palazzo Ateneo beherbergt die **Universität**, eine der wichtigsten Süditaliens.

Zwei moderne Bauten außerhalb der Stadt lohnen einen Besuch. Direkt am Meer Richtung Giovinazzo bietet das Messegelände **Fiera del Levante** aus den 1930er-Jahren ein wildes Stilgemisch aus orientalischem Serail und Romanik. An der SS 271 Richtung Bitritto erinnert das ***Stadion San Nicola**, das Stararchitekt Renzo Piano für die Fußball-WM 1990 entwarf, an ein riesiges Raumschiff.

Info

■ APT

**Piazza Aldo Moro 33/A][70100 Bari
Tel. 08 05 24 23 61
www.viaggiareinpuglia.it**
■ **Infokioske** auch vor dem Bahnhof und am Fährhafen.

Hotels

■ Grand Hotel Leon d'Oro

P.zza A. Moro 4][**Tel. 08 05 23 50 40**
www.grandhotelleondoro.it
Gepflegtes Hotel mit Restaurant beim
Bahnhof; 77 modernisierte Zimmer und
7 Suiten, alle mit Hydromassagebad
und Klimaanlage. ●●●

■ Giulia

Via Crisanzio 12
Tel. 08 05 21 66 30
www.hotelpensionegiulia.it
Sehr freundlich geführtes Hotel, bei
schönem Wetter Frühstück auf der
hübschen Terrasse, nahe der Uni. ●●

Restaurants

■ La Locanda di Federico

Piazza Mercantile 63
Tel. 08 05 22 77 05
Rustikales Ambiente, klassische
Puglieser Küche, im Sommer auf der
belebten Piazza. Im Winter
So mittags geschl. ●●–●●●

■ Osteria delle Travi

Largo Chiurlia 12
Tel. 33 91 57 88 48
Familienbetrieb mit typischer Bareser
Küche: *orecchiette* und Fisch. Unbe-
dingt reservieren! So abends und
Mo geschl. ●–●●

Bari

0   300 m

Ⓐ Politeama
Ⓑ Basilica San Nicola
Ⓒ Kathedrale San Sabino
Ⓓ Castello Svevo
Ⓔ Teatro Petruzzelli
Ⓕ Pinacoteca Provinciale
Ⓖ Universität
Ⓗ Fiera del Levante
Ⓘ Stadion San Nicola

Molfetta

Auch Molfetta (60 000 Einw.) besitzt einen schönen Hafen. Sein Bild prägt die alte **Kathedrale San Corrado.** Der nach 1150 begonnene Bau ist die größte romanische Kuppelkirche Apuliens. Der Raumeindruck ist überwältigend, mächtige Pfeiler mit Halbsäulen unterteilen das Rechteck in drei Schiffe. Über den Mittelschiffjochen wölben sich Kuppeln. Hinter San Corrado beginnt die pittoreske, teilweise verfallene Altstadt. An bessere Zeiten erinnert das Hospital (11. Jh.) für Pilger und Kreuzfahrer neben dem klassizistischen Santuario della Madonna dei Martiri (1 km nördlich am Meer).

Hotel

Garden
Via Provinciale per Terlizzi
Tel. 08 03 34 17 22
www.gardenhotelmolfetta.it
Modernes Haus mit 60 Zimmern, schöner Garten, Restaurant. ●●

Restaurant

Bufi
Via Vittorio Emanuele 15–17
Vorzügliche Antipasti, ausgesuchte Weine. So abends und Mo geschl. ●●●

*Trani

Vor dem tiefblauen Meer erhebt sich die Königin der Kathedralen, die aus weißem Stein erbaute **San Nicola Pellegrino,** die an keinem erhabeneren Ort stehen könnte. Doch als die alte Rivalin

Bari im Jahr 1087 die Reliquien des hl. Nikolaus geraubt hatte, stand Trani (53 500 Einw.) plötzlich ohne Heiligen da! Da starb sieben Jahre später auf den Stufen der alten Kathedrale ein etwas wirrer griechischer Pilger (ital. *pellegrino*), dem man immerhin einige Wunder nachsagte und der auch noch Nikolaus hieß. Kurzerhand wurde er heiliggesprochen und der Grundstein für den Neubau – und das Pilgergeschäft – war gelegt. Eine offener Bogengang verbindet den schlanken Campanile mit der Kirchenfassade, das Mittelportal verschließt eine erstmals in Relieftechnik von Barisanus von Trani 1179 gearbeitete **Bronzetür.** An der rechten Seitenfassade befindet sich der Eingang zur dreischiffigen Unterkirche. Mit den 28 dicht gestellten Säulen erinnert die **Hallenkrypta** an eine Moschee. Die lichterfüllte Oberkirche besticht durch ihre romanische Schlichtheit.

Friedrich II. errichtete das viereckige **Kastell.** Die drei mächtigen Türme und die zum Meer gerichtete Fassade konnten ihr strenges staufisches Aussehen bewahren (tgl. 8.30–19 Uhr). Ein Spaziergang führt zum **Hafen** und zum gepflegten Stadtpark. Von der kleinen Befestigungsanlage **Fortino di Sant'Antonio** hat man einen schönen Überblick.

Hotel

Royal
Via De Robertis 29
Tel. 08 83 58 87 77
www.hotelroyaldam.com

Angenehmes Hotel in der Neustadt, üppiger Garten, Restaurant. ●●—●●●

Restaurant

Orangerie
Piazza Quercia 3
Tel. 08 83 48 52 77
Mit Blick auf die Kathedrale genießt man die mit Fantasie zubereiteten apulischen Gerichte. Mo Ruhetag. ●●●

*Barletta ▪4▪

Die lebhafte Industrie- und Handelsstadt (93 100 Einw.) zählt heute zu den dynamischsten Zentren Apuliens. Am Meer liegt das weiße, abweisend wirkende **Kastell,** in dem eine der berühmtesten Skulpturen Apuliens zu sehen ist: Die ****Büste Kaiser Friedrichs II.** zeigt den Kaiser wie seine Goldmünzen als römischen Imperator.

Ein Rundgang auf den Bastionen lohnt sich schon alleine wegen des einmaligen Blicks auf die in der Altstadt gelegene und nach langer Restaurierung neu erstrahlende ***Kathedrale Santa Maria Maggiore** (1140). Westlich des Doms eröffnete 2007 im Palazzo della Marra (Via Cialdini) das neue **Museo Giuseppe De Nittis,** des aus Barletta stammenden, wohl bedeutendsten Impressionisten Italiens (1846–1884). Seine wichtigsten Anstöße erhielt er von seinem Pariser Freundeskreis um Manet und Degas (im Sommer Di–So 9–13, 15–19 Uhr).

Barlettas Wahrzeichen ist der über 5 m hohe bronzene ***Koloss** am Corso Garibaldi. Die Monumentalstatue ist eine der besten

Blick vom Kastell auf den Dom von Barletta

Großbronzen der Spätantike, erkennbar an den realistischen Gesichtszügen des Kaisers, wahrscheinlich Valentinian I.

Info

IAT
Corso Garibaldi 204
70051 Barletta][**Tel. 08 83 33 13 31**
www.viaggiareinpuglia.it

Hotel

Dei Cavalieri
Via Foggia 42][**Tel. 08 83 57 14 61**
www.hoteldeicavalieri.net
Eleganter, funktionaler Neubau nördlich der Stadt mit 51 Zimmern, Tennisplatz und Tiefgarage. Gratis Shuttle-Bus ins Zentrum. ●●– ●●●

Restaurant

Antica Cucina
Via Milano 73][**Tel. 08 83 52 17 18**
Gehobene Landhaus-Atmosphäre, hervorragende Meeresküche. Mo, Di und So abends geschl. ●●●

Der Bischofsthron im Dom von Canosa, ein Meisterwerk der apulischen Romanik

Canosa di Puglia 5

Auf den griechischen Helden Diomedes geht der Sage nach die Gründung der Stadt (31 400 Einw.) zurück. Bereits 343 ist es als ältester Bischofssitz Apuliens erwähnt. Die Überreste der *Basilica San Leucio (6. Jh.) bezeugen noch die Großartigkeit der riesigen ehemaligen Kathedrale.

Die Bischofskirche *San Sabino aus der Normannenzeit ist dem bedeutendsten Amtsinhaber geweiht. Sie verbirgt sich hinter einer Allerweltsfassade des

19. Jhs. Hat man die ersten drei, später hinzugefügten Joche durchschritten, bietet sich ein überwältigender, lichter Raumeindruck des ursprünglichen Baus aus dem 11. Jh. Fünf große Kuppeln scheinen förmlich über den quadratischen Jochen zu schweben. Dieser Effekt wird durch das direkte Ansetzen der Gewölbe auf den vor der Wand stehenden antiken Säulen erreicht – ein Unikum in Apulien. Fast schon klassisch schön wirkt in dieser Umgebung die *Kanzel des Acceptus › S. 30, eine der bedeutendsten Skulpturen des 11. Jhs. in Italien. Von gleicher Qualität und Schönheit präsentiert sich der auf Elefanten ruhende *Bischofsthron in der Apsis. Durch die rechte Seitentür gelangt man hinaus zum *Grabmonu-

Schlacht von Cannae

Das Grabungsgelände **Canne della Battaglia** verdankt seinen Namen der Schlacht *(battaglia)* von Cannae 216 v. Chr., bei der Hannibal trotz zahlenmäßiger Unterlegenheit der Karthager den Römern eine ihrer schwersten Niederlagen beibrachte. Die strategisch günstige Position auf einer der letzten Erhebungen der Murge über der Ebene des Ofanto veranlasste bereits Menschen der Steinzeit, hier zu siedeln. Vom Hügel genießt man hinter dem Antiquarium mit den Resten der Zitadelle eine herrliche Aussicht (ca. 19 km nördl. von Canosa di Puglia, Mo 8.30–13.30 Uhr, sonst bis 1 Std. vor Sonnenuntergang).

ment Bohemunds von Tarent (gest. 1111) mit einer achteckigen orientalischen Kuppel und feiner *Bronzetür.

Das **Museo Civico** zeigt die herrlichen Canosinischen Vasen (Di–So 8.30–13.30, Di, Mi auch 15–18 Uhr; Eintritt frei).

Hotel

Hotel del Centro
Corso San Sabino 92
Tel. 08 83 61 24 24
www.hoteldelcentrocanosa.it
Angenehm-nostalgisches Ambiente aus der Zeit um 1900; mit Restaurant und Garage. ●●

Restaurant

Locanda di Nunno
Via Balilla 2][**Tel. 08 83 61 50 96**
Sehr interessante Fischküche mit viel Gemüse, z. B. Garnelen mit frittiertem Gemüse, aber auch Pferdefleisch.
So abends, Mo geschl. ●●–●●●

3 ***Castel del Monte** ⑥

Der berühmteste Stauferbau Italiens zählt zu den bedeutendsten Sehenswürdigkeiten der Region. Achteckig sind der Grundriss des Castello, die acht Türme und der Innenhof, und jeweils acht trapezförmige Räume liegen auf einem Stockwerk. Ob Friedrich II. die Pfalzkapelle in Aachen oder den Felsendom in Jerusalem vor Augen hatte, ist nicht bekannt. Das Kastell wirkt wie ein in sich geschlossener vollkommener Kristall. Auf Fernwirkung angelegt,

scheint es die stete Präsenz des Kaisers in seinem Land zu symbolisieren. Das *Eingangsportal repräsentiert bereits den geistigen Horizont Friedrichs: Pilaster, Architrav und Giebel entstammen der Antike, die Kapitelle der zeitgenössischen Zisterziensergotik, die Einfassung oben und die prunkvolle Ausführung dem Islam. In den Innenräumen bewundert man neben der gelungenen Bauskulptur auch Kamine, Wasserleitungen und Toiletten, mehr blieb von der Ausstattung nicht erhalten.

Der Kaiser hielt sich mehrmals zu kurzen Jagdausflügen hier auf, Karl I. von Anjou verwandelte das heitere Schloss in ein trauriges Gefängnis für die Kinder seines staufischen Gegners Manfred (März–Sept. tgl. 10.15–19.45, Okt.–Febr. 9–18.30 Uhr; Infos: Tel. 08 83 56 99 97, www.puglia imperiale.com).

Hotel

L'Ottagono
70031 Andria
an der SS 170][**km 20,1**
Tel. 08 83 55 78 89
www.hotelottagono.it
Innen elegant und komfortabel; mit großem Garten und kleinem See. ●●

Restaurants

■ **Antichi sapori**
Piazza San Isidoro 9][**Andria**
Tel. 08 83 56 95 29
Im Ortsteil Montegrosso genießt man das Beste, was Apuliens bäuerliche Küche zu bieten hat.
Sa abends und So geschl. ●–●●

■ **Bella Napoli**
Corso Cavour 25][Andria
Tel. 08 83 59 95 25
Landestypischen Trattoria, die sehr guten Frischkäse auftischt. Sa Ruhetag. ●

Rivera
S.P. 231, km 60,5 (zwischen Canosa und Andria)][Andria
Tel. 08 83 56 95 10][www.rivera.it
Direktverkauf von einem der besten Winzer des roten DOC, wie den *Puer Apuliae,* der aus der Traube Nero di Troia gewonnen wird. Exzellente Noten der Weinkritiker für den *Violante 2007.*

Ruvo di Puglia ❼

Inmitten weiter Olivenhaine, in denen sich kleine Trulli verstecken, liegt Ruvo di Puglia (25 900 Einw.). Das ***Museo Jatta** im gleichnamigen Palazzo ist ein archäologisches Schatzkästchen. Die größte ****Sammlung** attischrotfiguriger Vasen in Apulien bezeugt die engen Kontakte des peuketischen Ruvo zu Griechenland › S. 29 im 5. und 4. Jh. v. Chr. (So–Mi 8.30–13.30, Do–Sa 8.30–19.30 Uhr; Eintritt frei).

Die ***Kathedrale** von Ruvo zeigt die apulische Romanik auf ihrem Höhepunkt.

Restaurant
U.P.E.P.I.D.D.E.
Vico Sant'Agnese 2
Tel. 08 03 61 38 79
Das »exklusive Plätzchen für Anspruchsvolle« serviert regionale Küche und traumhafte Antipasti in urigem Ambiente. Mo Ruhetag. ●●—●●●

Shopping
Cooperativa Caseificio Pugliese
Corato, an der SP 231
8,5 km von Ruvo
Hier finden Sie all die wunderbaren apulischen Käsespezialitäten.

Bitonto ❽

Das prosperierende Agrarstädtchen (56 300 Einw.) auf der niedrigsten Stufe der Murge umgeben ausgedehnte Olivenhaine, aus deren Früchten das *Cima di Bitonto* produziert wird, dessen *extra vergine* zu den besten und bekanntesten Ölen Italiens zählt. Reiche Einkünfte aus der Landwirtschaft bescherten der Stadt einen rasanten Aufstieg in der frühen Neuzeit, der sich in prächtigen Renaissancepalästen wie dem ***Palazzo Sylos-Labini** (Sitz der 2009 eröffneten Nationalgalerie für Moderne und Zeitgenössische Kunst) widerspiegelt.

Man betritt die hübsche Altstadt an der Porta Baresana. Die nahegelegene ***Kathedrale San Valentino** ist ein formvollendeter Bau der apulischen Romanik. Die Gliederung der hohen Fassade lässt bereits den dreischiffigen Innenraum vermuten. Den Mittelteil zieren eine prächtige Rosette, zwei Biforien und das wohl schönste Portal Apuliens, von antiken Säulen gerahmt.

Hotel
Masseria San Marco
Via Patierno, San Marco
70032 Bitonto][Tel. 08 03 74 03 36
www.masseriasanmarco.com

Gelassenheit bestimmt oft noch das Alltagsgeschehen in Bitonto

Reizvolles altes Gehöft aus Stein mit wenigen, aber sehr geschmackvoll eingerichteten Zimmern, gepflegter Garten, Pool. ●●

Shopping

**Oleificio cooperativo
Cima di Bitonto**
Via Modugno][**Tel. 08 03 75 17 03**
www.oleificiocimadibitonto.it
Direktverkauf des exzellenten Olivenöls, auch in Bio-Qualität.

*Polignano a Mare 9

Seine weißen Häuser auf dem steil abfallenden Felsvorsprung scheinen fast ins Meer zu stürzen. Spektakulär ragt die anmutige *Altstadt in die blaue Adria hinaus. Die besten Fotos schießt man von der Brücke über die Lama Monachile. Durch die Porta del Borgo Antico – einziger Zugang bis ins 18. Jh. – erreicht man die zentrale Piazza Vittorio Emanuele mit der Kirche Santa Maria Assunta.

Durch die Altstadt gelangt man zu den *Panoramaterrassen am Meer. Unerwartet öffnet sich die Sicht auf kleine Buchten mit unzähligen Grotten. Die spektakulärste, die **Grotta Palazzese,** besichtigt man vom Restaurant des gleichnamigen Hotels aus (nur Hotel- bzw. Restaurantgästen erlaubt).

Hotel

Grotta Palazzese
Via Narciso 59
Tel. 08 04 24 06 77
www.grottapalazzese.it
Sehr schöner moderner Bau mit eleganten Zimmer, teils mit Balkon und Meerblick. Der Speisesaal liegt im vorderen Teil der Grotta Palazzese (nur im Sommer). Überaus stimmungsvoll: das Abendessen in der Grotte. ●●●

Monopoli 🔟

Kleine Felsbuchten, dazwischen kurze Sandstrände, findet man rund um Monopoli (49 800 Einw.). Im großen Hafen hat die Fangflotte festgemacht, umgeben von Booten. Das mächtige **Kastell** sicherte einst den Altstadtzugang.

Man tritt durch einen Bogen auf die hübsche Piazza Garibaldi und folgt der Via Amalfitana zur stimmungsvollen romanischen Kirche **Santa Maria degli Amalfitani.** In der Altstadt erhebt sich die festliche Renaissancekirche ***San Domenico.** Barock ist die üppig mit Marmor ausgestattete ***Kathedrale** (18. Jh.).

Südlich von Monopoli zieht es Menschen in Scharen nicht nur tagsüber an die felsige Küste mit den kleinen Sandbuchten, sondern auch nachts zu den **coolen Beachpartys rund um den Strandort Il Capitolo.**

Echt g

Hotel

Melograno
Contrada Torricella 345
Tel. 08 06 90 90 30
www.melograno.com
Luxushotel in einer stimmungsvollen Masseria des 17. Jhs. mit antiken Möbeln. Pool, Wellnessangebote. ●●●

Restaurants

■ **Osteria Perricci**
Via O. Comes 1/3
Tel. 08 09 37 22 08
Einfache, rustikale Osteria mit guter Fischküche. Mi geschl. ●—●●
■ **Caffè Roma**
Largo Arcivescovado
Hervorragendes Eis und leckere Gebäckteilchen.

Boot im Hafen von Monopoli

4 Ausflug nach **Castellana Grotte** 🔟

Die größte Karsthöhle Italiens wurde 1938 südöstlich von Bari, außerhalb des Ortes Castellana Grotte, entdeckt.

Die wirklich beeindruckende Besichtigung beginnt in der ***Grave,** wie die gigantische Eingangshalle genannt wird. Durch hohe Säle und enge Gänge gelangt man schließlich zur einmaligen ****Grotta bianca.** Ihr kristallines Weiß ist von atemberaubender Schönheit. Die effektvoll ausgeleuchteten Stalagmiten und Stalaktiten wachsen in 50 Jahren um 1 cm. Gleich bei Castellana liegt der Dinosaurier-Park › S. 18.

Info

Tel. 08 04 99 82 13
www.grottedicastellana.it
■ **Kurzer Weg:** 1 km, ca. 1 Std., Führungen Mitte März bis Anfang Nov. 8.30–12.30, 13, 14.30–18.30 Uhr stündl. (auf Deutsch 9.30 und 13 Uhr), im Winter 9.30–12.30 Uhr.
■ **Langer Weg:** 3 km, ca. 2 Std., Führungen im Sommer 9–12, 15 bis 18 Uhr stündl. (auf Deutsch 11 und 16 Uhr), im Winter 10, 11 und 12 Uhr.

Hotel

Azienda Agrituristica
Serragambetta
Via per Conversano 204
Tel. 08 04 96 21 81
www.serragambetta.it
Ländliche Villa des 19. Jhs. mit Apartments und der im italienischen Fernsehen berühmt gewordenen Naturküche von Zia Nina. ●●

Ausflug nach *Egnazia 🄬

11 km südlich erstreckt sich das weitläufige **Grabungsgelände von Egnazia direkt am Meer.** So lässt sich Kulturgenuss ideal mit einem Sprung ins türkis schimmernde Wasser verbinden. Die Spuren der Besiedlung reichen hier von der Bronzezeit bis ins Mittelalter. Rechts von der Hauptstraße gehen die Blöcke der messapischen Mauer bis ans Wasser. Links der Straße sind die Reste der römischen Basilika, des Amphitheaters und des gepflasterten Forums zu erkennen. Schwere Karren drückten tiefe Spuren in die Pflastersteine der Via Traiana.

Sehenswert ist auch das ***Museo Archeologico** mit einer gelungenen frühapulischen Abteilung. Die schönsten Exponate sind die römischen *Mosaike mit Tierfiguren und verspielten Ornamenten in zarten Farbschattierungen (Museum tgl. 8.30–19.30, letzter Einlass 18 Uhr, Ausgrabungen bis 1 Std. vor Sonnenuntergang).

*Alberobello 🄭

Inmitten einer sorgfältig gepflegten alten Kulturlandschaft, die bereits im Februar mit ihren blühenden Mandelbäumen Reisende bezaubert, liegt Alberobello (11 000 Einw.). Die »Hauptstadt der Trulli« ist der bekannteste Ort des Itria-Tals. Zu Recht, denn das Ortsbild ist wirklich einzigartig.

Wie aus dem Märchenbuch wirkt der Stadtteil Monti, wo ganze Straßenzüge aus *****Trulli** › S. 70 bestehen, auch wenn Trullo oft gleichbedeutend mit Laden zu sein scheint und es Nudeltrulli, Keramiktrulli und siamesische Trulli gibt. Ein Spaziergang führt die Gässchen hinauf zur Kirche **Sant'Antonio** – auch sie in Form eines Trullo. Ein 21 m hohes, unechtes Gewölbe aus aufgeschichteten, zusammengeschobenen Steinplatten überragt den mörtellosen Bau.

Alberobello: Ein bewohnter
Märchenpark und seit 1996
UNESCO-Weltkulturerbe

Etwas weniger touristisch gibt
sich das kaum minder reizvolle
Viertel *Aia Piccola auf der anderen Seite des Largo Martellotta.
Am Ende der Oberstadt doku-

mentiert das **Museo del Territo-
rio** das bäuerliche Leben in den
gut vor der Sonnenglut abgeschot-
teten Trulli in vortouristischen
Zeiten. (Piazza XXVII Maggio;
Mitte Juli bis Mitte Sept. tgl.
10–19, sonst Di–So 10–13,
15.30–19 Uhr, Mitte Jan. bis Mitte
Febr. geschl.)

Musik, Tänze, Trachten, Koch-
künste und Handwerk der Trulli-
Bewohner liefern heute den Hintergrund für bunte traditionelle
Volksfeste in Alberobello. So be-
geht man hier die **Festa di S. Antonio** am 13. Juni, das Fest **Città
dei Trulli** am 1. bzw. 2. August-
Wochenende oder die **Festa dei
Santi Cosma e Damiano,** rund
um den 26. September, mit Prozessionen, Lichterfest und Musik.

Trulli – rätselhafte Rundhäuser aus Stein

Der Eiche Apuliens, wie Gian Girolamo II. Acquaviva genannt wurde, verdanken
wir der Legende nach die pittoresken Trulli von Alberobello. 1635 errichtete der
Feudalherr eine Villa, eine Mühle, einen Backofen und ein Gasthaus in einem
bis zu diesem Zeitpunkt bedeutungslosen Weiler. Er lag inmitten des »Waldes
des schönen Baums«, der Silva Arboris Belli. Seinen Bauern befahl der Adelige,
mörtellose Steinhütten in Trockenbauweise zu errichten, denn für gemauerte
Siedlungen hätte er Steuern an den Vizekönig in Neapel zahlen müssen.

Die Bauern bedienten sich des seit der Antike im ganzen Mittelmeerraum
verbreiteten Typs einfacher Rundbauten aus aufgeschichteten Steinplatten, die
oben zu einem »unechten« Gewölbe zusammengeschoben wurden. Die Trulli
haben einen quadratischen Grundriss. Bei größerem Platzbedarf wurden
mehrere Häuschen verbunden – wodurch die charakteristischen Straßenzüge
Alberobellos entstanden.

Auf den dunkelgrauen Steindächern der Trulli finden sich oft in Weiß aufge-
malte, weithin sichtbare heidnische und christliche Symbole. Die magischen
Zeichen sollen Trullo und Bewohner schützen und dienen als Hausnummern.
Zusätzlich bekrönen kugel- oder sternförmige Figuren, über deren Funktion
viel gerätselt wurde, die Häuschen. Das erste nicht in Trullo-Bauweise errichtete
Gebäude von Alberobello entstand übrigens erst 1797: die Casa D'Amore.

Info

IAT
Piazza Ferdinando IV
Casa D'Amore][**70011 Alberobello**
Tel./Fax 08 04 32 51 71
www.alberobello.net

Unterkünfte

■ **Colle del Sole**
Via Indipendenza 61
Tel. 08 04 32 18 14
www.hotelcolledelsole.it
Nettes Familienhotel, 500 m vom Zentrum, ruhige Lage, Pool, Restaurant. ●●

■ **Lanzillotta**
Piazza Ferdinando IV 31
Tel. 08 04 32 15 11
www.hotellanzillotta.it
Direkt im Ort; stilvoll-nostalgische Zimmer; angeschlossen ist die familiäre Trattoria Cucina dei Trulli. ●●

■ **Im Trullo**
Wer im Urlaub einen Trullo mieten möchte, wird bei **www.trullinet.com** fündig. Viele topmodern ausgebaute Wohntrulli in Alberobello, Locorotondo etc. bietet **www.valledeitrulli.it**

Restaurants

■ **L'Aratro**
Via Monte San Michele 25
Tel. 08 04 32 27 89
Im echten, rustikal eingerichteten Trullo probiert man die Spezialitäten Apuliens wie *burrate* und *orrecchiette* mit Rübensprösschen zu einheimischen Weinen. ●●—●●●

■ **Trullo d'Oro**
Via Cavallotti 27
Tel. 08 04 32 18 20
In einem schön restaurierten Trullo genießt man traditionelle Regionalküche. Hausgemachter Rosenlikör beendet jede Mahlzeit. Mo geschl. ●●—●●●

*Locorotondo 14

Hier und dort ein Trullo, Oliven- und Mandelbäume und vor allem unzählige Weinreben bestimmen die Landschaft um Locorotondo (14 000 Einw.). Der strahlend weiße, und wie sein Name schon verrät, kreisförmig angelegte Ort auf einem Hügel lohnt als Gesamtkunstwerk einen Besuch. Vom Stadtpark aus genießt man einen <mark>herrlichen Panoramablick über die Valle d'Itria</mark> bis Martina Franca. Sie sollten es weder versäumen, den lebhaften, frischen Weißwein Locorotondo DOC zu verkosten, noch ein in uralter, traditioneller Handarbeitstechnik hergestelltes Deckchen zumindest zu bestaunen.

Hotel

Al Casale
Via Gorizia 41][**Tel. 08 04 31 67 56**
www.hotelalcasale.it
Kleines angenehmes Hotel mit 22 Zimmern. Angeschlossen eine Ristorante-Pizzeria. ●—●●

Restaurant

Trattoria Centro Storico
Via Eroi di Dogali 6
Tel. 08 04 31 54 73
Nettes Altstadtlokal. Antipasti und der für Locorotondo typische Weißwein munden hier besonders gut.
Im Winter Mi Ruhetag. ●—●●

Shopping

■ **Cantina del Locorotondo**
Via Madonna della Catena 99
Tel. 08 04 31 16 44
www.locorotondodoc.com

Verkauf des exzellenten Weißen, seit Kurzem auch Sekt (Brut e Demi Sec).

■ **Il Tempo ritrovato**
Piazza Vittorio Emanuele 20
Tel. 08 04 31 32 01
www.il-tempo-ritrovato.net
Die hohen Preise der Spitzen und Stickdeckchen entsprechen der langen, mühevollen Arbeit an jedem Stück.

*Martina Franca 15

Mitten in der grünen Landschaft des Valle d'Itria erblickt man ein kleines Juwel: Martina Franca (49 400 Einw.) auf der höchsten Stufe der südlichen Murge. Sein heutiges Aussehen verdankt der

Ort den Barock- und Rokokobauten des 18. Jhs. Die ungewöhnliche Kombination von weiß getünchten Wänden und den geschwungenen Linien dunkler Fenster, von Balkonen und Portalen, verfehlt ihre Wirkung nicht. Hinter dem barocken Bogen Sant'Antonio sieht man die breite, harmonische Fassade des **Palazzo Ducale,** Amtssitz der Familie Caracciolo, die Martina Franca von 1507 bis 1827 beherrschte.

Barockfassaden säumen die Flaniermeile Corso Vittorio Emanuele, der man bis zur Kirche **San Martino** folgt. Die prächtige *Front der Kirche und der wunderschöne Hauptaltar im Inneren stammen ebenso aus dem 18. Jh. wie der **Palazzo della Corte** gleich links und die **Torre Civica.**

Die Stadt füllt sich jedes Jahr im Juli mit Opernfans zum **Festival Internazionale della Valle d'Itria.** Ech gu

Barocke Lebensfreude auf Schritt und Tritt in Martina Franca

Hotel

Dell'Erba
Via Taranto 68
Tel. 08 04 30 10 55
www.ramahotels.it
49 schöne Zimmer, in einem Park, mit Hallen- und Freibad. ●●—●●●

Restaurants

■ **Lisi**
Via Verdi 57][**Tel. 08 04 80 15 47**
Die Tradition des *fornello* (Gebratenes am Spieß, direkt in der Metzgerei) lebt hier fort. Probieren Sie auch den berühmten hausgemachten *capocollo* (Rollschinken aus dem Nackenstück). So, Mo geschl. ●

■ **Gran Caffè**

Piazza XX Settembre 7a

Morgens Frühstück, mittags Snacks und abends Käse- und Salamispezialitäten, im Sommer draußen. Im Winter Do nachmittags geschl. ●

Marina di Ostuni 16

17 km Strand, dazwischen von Felsen eingerahmte Sandbuchten: ideal für alle Sonnenanbeter und Wassersportler. Teure Luxusresorts und Camping-Apartment-Anlagen wechseln sich am Meer ab. Weite feine lange Sandstrände ziehen sich nördlich bis Torre Canne hin, der schönste ist Bosco Verde. Gleich über vier Stränden der Marina di Ostuni (Canerini Creta Rossa, Costa Merlata Torre Pozzali, Monticelli Diana Marina und Pilone Rosa Marina) durfte 2008 die blauen Flagge (für Top-Wasserqualität und Strandeinrichtungen) wehen. Besonders schön ist auch der feinsandige Strand im Naturschutzgebiet Torre Guaceto, nördlich des gleichnamigen Ortes (10 km südl. von Marina di Ostuni).

Hotels

■ **Gran Hotel Masseria Santa Lucia**

an der SS 379][km 23,5

Tel. 08 31 35 60

www.masseriasantalucia.it

In einer rosa gestrichenen Masseria (Bauernhof) verbirgt sich ein Luxushotel, das an orientalische Oasenpracht erinnert, mit Sand- und Felsstrand, Pool. ●●●

■ **Masseria Il Frantoio**

an der SS 16][km 876

Tel. 08 31 33 02 76

www.masseriailfrantoio.it

Schöne alte Masseria, nostalgisch-romantische Zimmer und Apartments in weißen Mauern. ●●–●●●

Echt gut!

Ausflug nach *Ostuni 17

Der Ort liegt wie eine Fata Morgana auf drei Hügeln, überragt von seiner Kathedrale und der farbigen Kuppel der Barockkirche **Santa Maria Maddalena.** Von der Piazza della Libertà mit dem hl. Oronzo auf der Bildsäule führt die Via Cattedrale in die Altstadt.

In den hübschen Gassen setzen im Sommer rosa blühende Bougainvilleen Farbakzente vor weißen Mauern. Treppauf geht es zur *Kathedrale von 1435 mit eigentümlich geschwungener Fassade. Der filigrane Rundbogenfries scheint mit der prächtigen Fensterrose um die Aufmerksamkeit der Betrachter zu wetteifern. Einmalige *Ausblicke bietet die Panoramastraße an der Altstadt.

Restaurant

Osteria del Tempo Perso

Via G. Tanzarella Vitale 47

Tel. 08 31 30 48 19

In einer angenehm temperierten Grotte genießt man hervorragende apulische Küche mit reicher Auswahl an Antipasti. Die *numarieddi,* Rouladen aus Lammleber, zählen zu den Spezialitäten der Küche der Murge-Region. Außer Juli, Aug. Mo Ruhetag. ●●–●●●

Echt gut!

Cisternino gehört zur Vereinigung der »Schönsten Dörfer Italiens«

Ausflug nach *Cisternino

Mitten in einer Bilderbuchlandschaft liegt Cisternino. Ein Hauch von Orient umgibt die niedrigen Häuser mit ihren Außentreppen und Innenhöfen. Unzählige Bogen überspannen die Gassen, alles ist weiß getüncht. An Sommerabenden strömen Badegäste vom Meer in die Restaurants und Bars – und die *fornellos,* die Metzgereien, die ihr Fleisch selbst grillen.

Brindisi 19

Die Geschicke der weltoffenen Provinzhauptstadt (89 400 Einw.) bestimmt der einzigartige Naturhafen in Form eines Hirschkopfes (messapisch *brunda*). Brundisium war der wichtigste Orienthafen Roms, und noch heute ist die Stadt der bedeutendste Fährhafen nach Griechenland.

Ein gelungenes Ensemble ist die **Piazza del Duomo.** Links neben dem **Dom** liegt der Zugang zum *****Museo Archeologico Provinciale Francesco Ribezzo.** Ein Unikum sind die messapischen Vasen mit den Rädchen *(trozzelle)* an den Henkeln. Im Lapidarium stehen antike Großstatuen (Mo geschl.; Eintritt frei).

Durch den Turmdurchgang erreicht man zwei mächtige Sockel, auf denen einst die Endsäulen der Via Appia am Meer standen. Eine steht heute in Lecce ❯ S. 93, die zweite restauriert an ihrem Platz.

Am Hafen erblickt man das 53 m hohe **Monumento al Marinaio,** ein Denkmal für die Seeleute. Das gewaltige staufische Kastell am westlichen Becken ist wie das aragonesische auf der vorgelagerten Insel Sant'Andrea in Militärbesitz.

Richtung Nordwesten wartet eine der schönsten Kirchen ringsum: *****Santa Maria del Casale** 20 (spätes 13. Jh.). Die geometrische Musterung der *****Fassade** aus rotweißem Gestein wirkt überraschend. Der Innenraum prunkt mit *****Fresken** aus dem 14. Jh.

Info

■ **APT**

Lungomare Regina Margherita 44 72100 Brindisi Tel./Fax 08 31 52 30 72 www.viaggiareinpuglia.it

■ **Informationsbüro**

**Lungomare Regina Margherita 43
(Hafen)**

Hotel Internazionale

Lungomare Regina Margherita 23
Tel. 08 31 52 34 73
www.albergointernazionale.it
Stilvolles Hotel am Meer, das aus der
Zeit stammt, als Brindisi nach des
Öffnung des Suezkanals vom Orient-
handel profitierte und sich den Charme
von einst bewahrt hat. ●●●

Il Giardino

Via Tarantini 8][**Tel. 08 31 52 49 50**
Tolle Pizzeria in stilvollem Palast mit
Garten. So abends und Mo geschl. ●

Castellaneta
Marina ㉑

**40 km Sanddünen vor mediter-
raner Landschaft**, teils Macchia,
teils hohe Pinien, erstrecken sich
an der Riva dei Tessali am Golf
von Taranto und reichen von Marina di Ginosa im Süden bis Chia-
tona und Lido Azzurro im Norden. Das Gebiet und v.a. sein
zentraler Hauptferienort Castellaneta Marina laden an zu
familienfreundlichen Ferien ein.
Viele Campingplätze und Apart-
ment-Anlagen, Villaggi und Clubs
bieten auch sportliche Aktivitäten
und im Juli/August Animation
vom Kinderclub bis zum Disco-
Abend. Sommer, Sonne, Sand und
Strand stehen in Castellaneta Marina eindeutig an erster Stelle.

Il Valentino Family Village

Tel. 09 98 20 40 40
**www.novayardinia.it/it/
index_valentino.php**
Große Apartment-Siedlung mit Pool,
2 km vom Meer, mit Shuttle-Bus
gelangt man zum weiten, wunderschönen sandigen Privatstrand; breit
gefächertes Sportangebot. ●─●●●

Massafra ㉒

Das viereckige mächtige Kastell
aus dem 16. Jh. ist das erste, was
man von Massafra (31 000 Einw.)
erblickt. Der Ort liegt zu beiden
Seiten der beeindruckenden Fels-
schlucht **Gravina San Marco.**
Spektakulär verbinden die Brü-
cken die Altstadt Terra im Westen
mit der Neustadt Santa Caterina
auf der gegenüberliegenden Seite.

Ausgehöhlt von unzähligen
Grotten, die von der Frühgeschichte bis zum Beginn des
20. Jhs. bewohnt waren, bildet die
Gravina heute ein einzigartiges
Museum. Die mit Fresken ge-
schmückten, in den Tuff gehauenen Höhlenkirchen spiegeln die
tiefe Frömmigkeit der in Apulien
weit verbreiteten griechischen
Eremiten- und Mönchskultur des
9.–13. Jhs. wider.

Nuova Hellas

Piazza Garibaldi (Rathaus)
74016 Massafra
Tel. 09 98 80 46 95
Das Büro organisiert geführte Rund-
gänge zu den Grotten oder Krypten
von Massafra.

Falsopepe
Via II Santi Medici 45
Tel. 09 98 80 46 87
Im Sommer verwöhnt dieser Tempel
Lukulls auf der Panoramaterrasse an
der Gravina z.B. mit einheimischem
Ziegenkäse, Lamm aus dem Ofen,
hausgemachte Brote und Desserts.
Im Sommer So, Mi abends geschl. ●●

Mottola ㉓ und Castellaneta ㉔

Weiß am Hügel leuchtet das Städtchen **Mottola,** das sich zu beiden
Seiten seiner Gravina entwickelte.
Ihre imposanten Grottenkirchen
besichtigt man mit Führung.

Schauspieler und Frauen-
schwarm Rodolfo Guglielmi
(1895–1926), besser bekannt als
Rodolfo Valentino, kam in **Castellaneta** zur Welt, das ihm natürlich ein Museum widmete (Via
Municipio 19; Hochsommer Di
bis So 10–13, 16/17–19/20, im
Winter Di–So 10–13 Uhr). Die
145 m tiefe *Gravina di Castellaneta ist eine der größten und
spektakulärsten Apuliens.

Ufficio Turistico
Viale Ionio][**74017 Mottola**
Tel. 09 98 86 69 48
www.viaggiareinpuglia.it

I Granai
Ortsteil San Basilio][**Palazzo Ducale**
74017 Mottola][**Tel. 09 98 83 32 24**
www.casaisabella.it

In dem eleganten Ambiente genießt
man die feine traditionelle apulische
Küche, aber auch kreative moderne
Kochkunst. Kinderspielplatz im Garten,
auch stilvolles Hotel.
So abends, Mo geschl. ●●—●●●

Gravina in Puglia ㉕

Am südwestlichen Ende des Nationalparks Alta Murgia, dessen
Verwaltung hier ihren Sitz hat,
liegt Gravina in Puglia
(44 100 Einw.) an einer spektakulären *Gravina. Auch die im
15. Jh. im Renaissancestil erneuerte *Kathedrale ragt jäh über
dem Abgrund empor. Das *Museo Pomarici zeigt archäologische
Funde und byzantinisch beeinflusste Fresken (Di–So 9–13,
16–19 Uhr; Führungen und Infos
zu den übrigen Sehenswürdigkeiten: Cooperativa Benedetto XIII,
im Museo Capitolare di Arte Sacra, www.benedetto13.it).

■ **Parco Nazionale Alta Murgia**
Via Firenze 10
70024 Gravina in Puglia
Tel. 08 03 26 22 68
www.parcoaltamurgia.it
Das Büro hält Tourenvorschläge durch
den Nationalpark bereit; angeboten
werden auch begleitete Touren.
■ **Gravina sotterranea**
Via Meucci 10][**Tel. 3 68 57 77 26**
www.gravinasotterranea.it
Organisiert Führungen durch die
Schluchten und die Grottenkirchen
der Stadt Gravina.

Karte
Seite 56

Aus der Distanz wirkt Gravina in Puglia am eindrucksvollsten

Hotel

Masseria Protomastro
Tel. 08 03 23 71 38
www.masseriaprotomastro.com
In Ruhe relaxen in der rustikalen Eleganz dieser Masseria, großer Garten, Pool, tolle Aussicht. ●●

Restaurant

Osteria di Salvatore Cucco
Piazza Pellicciari 4
Tel. 08 03 26 18 72
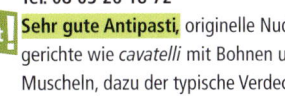**Sehr gute Antipasti,** originelle Nudelgerichte wie *cavatelli* mit Bohnen und Muscheln, dazu der typische Verdeca-Wein. So abends, Mo geschl. ●●

Altamura 26

Die Stadt (68 400 Einw.) liegt auf der höchsten Stufe der Murge. Die Peuketier hinterließen mit ihrer noch gut erkennbaren *Mauer aus dem 5. Jh. v. Chr. das bedeutendste Zeugnis der Antike. Nach seiner Zerstörung durch die Sarazenen gründete Friedrich II. den Ort neu und legte 1232 den Grundstein zur **Kathedrale.** Ältester Teil der hohen Hauptfassade ist die Rosette. Darunter öffnet sich eines der schönsten spätgotischen **Portale Apuliens. Am Corso Federico II di Svevia 87 probiert man im Ronchi-Striccoli, dem ältesten Café der Stadt, den gebrannten Padre Peppe, einen Nussschnaps.

Geht man rechts vom Corso in die malerischen Altstadtgassen hinein, stößt man auf die typischen *claustri,* Innenhöfe mit meist nur einem Zugang, in denen sich das Leben der ganzen Nachbarschaft heute wie früher abspielt.

Der peuketische Krieger mit seinen Grabbeigaben ist die Sensation im didaktisch sehr gut aufgebauten **Archäologischen Museum** (Mo–Fr 8.30–19.30, Sa, So 8.30–13.30 Uhr). Zum Abschluss

Echt gut! Die interessantesten Nationalparks

■ Als jüngster Nationalpark wurde 2004 der 68 077 ha große **Parco Nazionale Alta Murgia** in den schluchtendurchzogenen Murge um die Städte Gravina in Puglia und Altamura ausgewiesen.

■ Der erste Nationalpark in den drei Regionen, der **Parco Nazionale della Calabria** (heute P. N. della Sila) mit einer Fläche von insgesamt 12 690 ha, entstand bereits im Jahre 1968. Gut erschlossen und ausgeschildert ist vor allem der Parkteil **I Giganti della Sila. ›** S. 124 und 137

■ Im **Aspromonte-Nationalpark** (76 000 ha) in der Stiefelspitze konnten sich neben zum Teil sehr seltenen Pflanzen auch bedrohte Tierarten wie Wölfe oder Salamander ein wichtiges Rückzugsgebiet erhalten. **›** S. 137

■ Das Pollino-Massiv in der Basilikata und das kalabresische Orsomarso-Massiv sind im **Parco Nazionale del Pollino** auf 192 565 ha Fläche zusammengefasst. Der Park ist ein bedeutender Rückzugsraum für Wölfe, Königsadler und Wanderfalken. Allerdings muss sich das Ökosystem des Pollino erst wieder regenerieren, nachdem hier 2007 sage und schreibe 2000 ha Wald einer Brandkatastrophe zum Opfer fielen. **›** S. 116 und 137

■ 1991 wurde der 121 118 ha große **Parco Nazionale del Gargano** eingerichtet. Er ist von besonderer Bedeutung für die Vogelwelt, da 170 der insgesamt 237 in Italien nistenden Vogelarten hier ihren Nachwuchs aufziehen, darunter einige Greifvogelarten. **›** S. 44

besucht man die Karstdoline **Pulo di Altamura** etwas außerhalb.

Info

Coop. Archè
Via G. Garibaldi 16
70022 Altamura
Tel. 08 03 14 96 22
www.cooparche.com

Hotel

Svevia
Via Matera 2/A
Tel. 08 03 11 17 42
www.hotelsvevia.it
Modernes Haus mit hellen einfachen Zimmern und Kinderspielplatz; gute apulische Küche. ●●

Restaurants

■ **Tre Archi**
Via San Michele 28
Tel. 08 03 11 55 69
Unzählige Pizzavarianten, aber auch Puglieser Spezialitäten wie Reis mit Kartoffeln und Muscheln; in der Nähe des Doms. Mi Ruhetag. ●●

■ **La Fontana 1914**
Largo Martellotta 55
Tel. 38 03 69 69 69
Die Tradition der Spießchenbraterei *(fornello),* apulisches Street-Food wie die klassischen Würstchen *gnumarieddi.* Im Winter Mo geschl. ●

Shopping

Forno antico Santa Chiara
Via Martucci 10
Seit 1423 wird hier das berühmte Brot Altamuras gebacken.

Barock in Nardò: die Kirche S. Trifone und ein Detail des Spitzturms Guglia dell'Immacolata

Südapulien

Nicht verpassen!

- Die Rosé-Weine in Salice Salentino verkosten
- Das riesige Mosaik in der Kathedrale von Otranto bestaunen
- In Lecce im Barock schwelgen
- In Grottaglie schöne Keramiken kaufen
- Einen Badetag am Strand bei den Alimini-Seen

Zur Orientierung

Glasklares, türkis schimmerndes Wasser sowie unzählige Sand- und Felsbuchten machen den Salento, den Absatz der italienischen Halbinsel, zu einem Mekka für Sonnenhungrige und Wassersportler. Hinzu kommt eine mediterrane Leichtigkeit, die wie ein sanfter Hauch über das Land zu streichen scheint, sich in der gemüse- und fischreichen Küche, den berühmten Rosé-Weinen und in der Lust zum Feiern niederschlägt. Darüber vergisst man schnell die großartigen Kultur-Highlights, die der Salento natürlich auch bietet, von messapischen Stadtmauern über römische Amphitheater, von mittelalterlichen Fresken bis hin zu ekklezistischen Villen – und natürlich den unzähligen Barockkirchen.

Das Landesinnere prägen die niedrigen karstigen Murge Salentine, die sich fast wie eine Hochebene bis hinunter zum südlichsten Punkt nach Santa Maria di Leuca ziehen. Weinreben, Oliven- und Mandelbäume setzen griechisch-mediterrane Akzente. Einsame Gehöfte und blendend weiße Städtchen verstärken den Eindruck, gerade um die Weinbaustädtchen Salice Salentino, Leverano, Copertino und Alezio. Im Hinterland der Industrie- und Hafenmetropole Taranto, in der Murge Tarantine, locken kleine, vom Tourismus noch längst nicht eroberte Städtchen.

Touren in der Region

Baden und Barock: der Salento

8 Lecce › Santa Maria di Cerrate › Roca Vecchia › Otranto › Santa Cesarea Terme › Castro Marina › Santa Maria di Leuca › Gallipoli › Galàtone › Galatina › Nardò › Porto Cesareo

Länge: 6–8 Tage, 230 km
Praktische Hinweise: Mitte Juli bis Mitte August herrscht Hochbetrieb, also rechtzeitig Zimmer buchen. Im Juni und September sind die Preise bis zu 50 % niedriger.
Badesachen nie vergessen, das Meer ist immer nah.

Die Tour führt auf den Absatz der italienischen Halbinsel, den Salento, und beginnt in der barocken Provinzhauptstadt ****Lecce** › S. 93 (1–2 Tage). Nächstes Ziel: die romanische Kirche ***Santa Maria di Cerrate** › S. 97, dann geht es weiter ans Meer. Besonders feine **Sandstrände** bietet der Küstenabschnitt östlich von Lecce zwischen **Torre Rinalda, Torre Chianca** und **San Cataldo.** Südlich von San Cataldo folgen kleine Sandbuchten zwischen Felsen, vor **San Foca** liegen Eilande direkt vor der Küste. Ein herrlicher Badeplatz ist auch **Roca Vecchia** mit interessanten Megalithmauern, Nekropolen und Grotten. Der weite Sandstrand der Bilderbuchbucht bei ***Torre dell'Orso** ❯ S. 91 öffnet sich hinter einem Pinienwald, das Wasser leuchtet smaragdfarben. Dann weitet sich das Panorama, unten leuchten die **Alimini-Seen** tiefblau. In den kleinen, weiß getünchten Gassen ****Otrantos** ❯ S. 90 bestaunt man eines der größten Fußbodenmosaike des Abendlandes. Mindestens zwei Tage sollten Sie bleiben, um die Strände im Norden Otrantos zu genießen. Südlich der Stadt gelangt man an der Küste zum östlichsten Punkt Italiens am **Capo d'Otranto**. Bis zur fjordartigen Bucht von ***Porto Badisco** reicht die Sicht, sowie über den nur 70 km breiten Kanal von Otranto bis zu den albanischen Küstenbergen. Romantisch führt die Straße zwischen Fels und Meer in den Thermal- und Badeort **Santa Cesarea Terme** ❯ S. 92. Nach der Besichtigung der beeindruckenden **Grotta Zinzulusa** ❯ S. 92 kann man im netten Küstenort **Castro Marina** ❯ S. 92 wieder ins Meer hüpfen oder von **Castro** aus die Aussicht bis nach **Santa Maria di Leuca** ❯ S. 90, dem südlichsten Punkt Apuliens, genießen. Am nächsten Tag geht es vorbei an der Sandbucht ***Baia Verde** S. 89 weiter ins wunderschöne ****Gallipoli** ❯ S. 88. Planen Sie zwei Übernachtungen ein, damit genug Zeit zum Baden bleibt. Dann besucht man ein **Barockjuwel in **Galàtone** S. 88, eines mit spätgotischen

Auch im Süden selten:
der legendäre Topolino

*Fresken in **Galatina** ❯ S. 88. Barock ist auch die Piazza Salandra von **Nardò** ❯ S. 86 geprägt, während Nardòs Hausstrände umgeben von grünen Hügeln in den Badeorten **Santa Caterina** und **Santa Maria al Bagno** liegen. Entlang der Küste folgt jetzt ein Wehrturm dem anderen. Sandbuchten laden zu einer Pause ein, auch im Küstenstädtchen **Porto Cesareo** ❯ S. 86 bilden Wasser und Sand die Hauptattraktionen.

Murge Tarantine

❯❯⑨❯❯ **Taranto** ❯ **Grottaglie** ❯ **Oria** ❯ **Manduria**

Länge: 2–3 Tage, 55 km
Praktische Hinweise: In Taranto besonders auf die Wertsachen achten! In Grottaglie sind die Keramikläden im Sommer bis spät abends geöffnet.

Den Auftakt zu dieser Tour bildet die Hafenstadt **Taranto** ❯ S. 83, wo vor 2500 Jahren mehr Menschen lebten als heute. Strahlend zeigt sich das Meer zu beiden Seiten der kleinen Altstadt, nicht anders als der bezaubernde antike Goldschmuck im bedeutenden **Archäologischen Museum. Über San Giorgio Ionico führt die Strecke dann schnurgerade zwischen Weinbergen und ausgedehnten Olivenhainen hinauf auf die erste Stufe der Murge in die nette Keramikstadt *Grottaglie ❯ S. 84, die sich für eine Übernachtung anbietet. Am nächsten Tag sieht man *Oria ❯ S. 84 auf drei Hügeln, gekrönt von der Burg Friedrichs II. Ganz mittelalterlich geprägt zeigt sich noch das Viertel Giudea. Inmitten weiter Weinberge liegt auch die alte Messapierstadt **Manduria** ❯ S. 85 auf einer Stufe der Tarantiner Murge. Bemerkenswerte Zeugnisse ihrer antiken Vergangenheit und der bekannte Wein Primitivo di Manduria warten auf Besucher und Genießer. Es empfiehlt sich hier zu übernachten.

Verkehrsmittel

Die Ferrovie del Sud Est, die in viele einzelne Zweige unterteilt sind, fahren Taranto, Lecce, Nardò, Gallipoli, Otranto und Gagliano-Santa Maria di Leuca an (www.fseonline.it).

Im Sommer verkehren regelmäßig Shuttle-Busse zu den Stränden, z.B. von Otranto zur Küste bei den Alimini-Seen. Wer auch ins Landesinnere vordringen oder die ganze Halbinsel umrunden möchte, braucht nach Möglichkeit ein Auto. Dorthin ist die Anfahrt mit dem Bus eher umständlich (Infos: www.fseonline.it; www.sitapuglia.it, »Le linee in Puglia« anklicken).

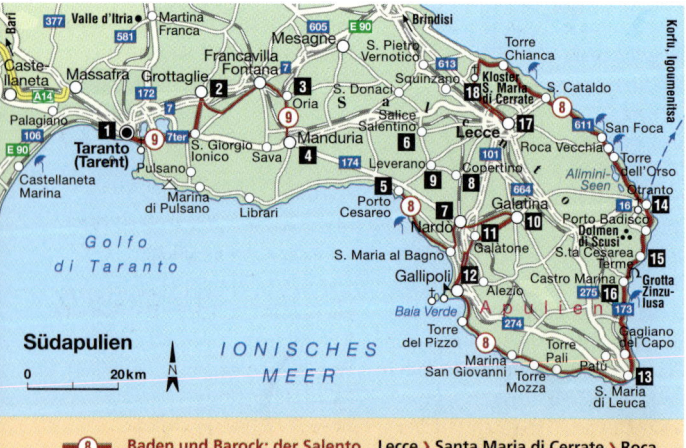

━ 8 ━ **Baden und Barock: der Salento** Lecce ❯ Santa Maria di Cerrate ❯ Roca Vecchia ❯ Otranto ❯ Santa Cesarea Terme ❯ Castro Marina ❯ Santa Maria di Leuca ❯ Gallipoli ❯ Galàtone ❯ Galatina ❯ Nardò ❯ Porto Cesareo

━ 9 ━ **Murge Tarantine** Taranto ❯ Grottaglie ❯ Oria ❯ Manduria

Unterwegs in Südapulien

Taranto ❶

Die Hafen- und Industriestadt (Tarent; 195 000 Einw.), 706 v.Chr. gegründet, kämpft seit vielen Jahren mit sozialen Problemen und hoher Arbeitslosigkeit. Grund ist die anhaltende Krise der Stahlwerke Gruppo Riva.

Die Altstadt Tarantos erstreckt sich auf einer Insel zwischen dem landeinwärts gelegenen Mare Piccolo und dem Mare Grande auf der Meerseite.

Hauptsehenswürdigkeit von Taranto ist das **Archäologische Museum** – nach Neapel das bedeutendste seiner Art in Süditalien. Der Rundgang beginnt bei Exponaten aus der Steinzeit bis zur Eisenzeit, darunter 7000 Jahre alte Keramik. Es folgen Skulpturen, Mosaiken und *Grabreliefs des 5. bis 3. Jhs. v. Chr. sowie korinthische Vasen und römische Porträtköpfe. Den Glanzpunkt bildet der berühmte **Goldschmuck** von Tarent (Museum *in restauro*; die bedeutendsten Schätze sind derzeit im 1. Stock zu sehen, tgl. 8.30–19 Uhr).

Man folgt dem Corso Umberto bis zu einem Wahrzeichen von Taranto, der Drehbrücke über den 1481 eröffneten Schifffahrtskanal zwischen Alt- und Neustadt. Das mächtige, zur gleichen Zeit errichtete *Kastell (heute Marinebesitz) mit vier Rundbastionen schützt die Einfahrt.

Sowohl an der Meerseite entlang als auch durch die heruntergekommene Altstadt gelangt man zum *Dom. Begonnen wurde er im 11. Jh. in Form eines griechischen Kreuzes mit *Kuppel über der Vierung, beendet als dreischiffiger Langhausbau. Die *Cappella San Cataldo neben dem Chor wurde wie die vergoldete Kassettendecke des Mittelschiffs im Barockstil reich ausgestattet. Zurück geht es über die Uferstraße am Mare Piccolo, wo ein lebhafter Fischmarkt lockt.

Für Freunde moderner Architektur lohnt sich die Fahrt entlang des Lungomare Vittorio Emanuele III in der Neustadt bis zur Via Magna Grecia. An der Ecke zur Via Dante überrascht die 1971 von Gio Ponti erbaute *Concattedrale: ein leichter Bau, der Anleihen bei der Gotik nimmt.

Info

APT
Corso Umberto 121
74100 Taranto][**Tel. 09 94 53 23 97**
www.viaggiareinpuglia.it

Hotel

Plaza
Via D'Aquino 46
Tel. 09 94 59 07 75
www.hotelplazataranto.com
Modernes Hotel gegenüber dem Archäologischen Museum; schallgedämpfte Zimmer; freundlicher Service, gutes Fischrestaurant. ●●

Karte
Seite 82

Restaurants

■ **Canale**
Scesa Vasto][**Tel. 09 94 76 42 01**
Echt gut! Qualitätvolle Fischgerichte: mit
Gemüse aus dem Ofen oder frittiert
oder echt apulisch d.h. roh, am Fisch-
markt in der Altstadt. Di geschl. ●●●

■ **Trattoria Gesù Cristo**
Via Battisti 8][**Tel. 09 94 77 72 53**
Fisch, zubereitet nach einfachen
Rezepten. So abends, Mo geschl. ●●

6 Ausflug nach *Grottaglie 2

Nach Grottaglie (32 900 Einw.)
fährt man in erster Linie zum Ke-
ramikkauf. Die Tongefäße wurden

Tor zum mittelalterlichen
Giudea in Oria

im 16. Jh. sogar bis ins Habsbur-
gerreich und in die Türkei expor-
tiert. Kundig macht man sich im
Museo Civico im Castello (dort
Touristeninfo).

Ein ganzes Viertel, das ***Quar-
tiere delle Ceramiche Camenn'ri**
unterhalb des Kastells (14. Jh.),
lädt zum Bummeln ein. Überall
stehen Schüsseln und Krüge zum
Trocknen. Die Läden sind teilweise in den Fels gehauen. Wer eine
Vorliebe hat für die Motive: Hahn
und blaue Sternchen kennzeich-
net traditionelle Keramik. Doch
auch modernes Design ist vertreten. Von der Piazza Margherita
mit der romanischen Hauptkirche
lohnt ein Bummel durch das Gas-
sengewirr der ***Altstadt.**

Hotel

Masserie Le Monache
SP per San Marzano-Grottaglie
74023 Grottaglie
Tel. 33 82 68 07 77
**http://web.tiscali.it/masseriale
monache**
Ein B&B in einer alten, rosa Masseria,
mit Garten und Kinderspielplatz. ●

*Oria 3

Die farbige Kuppel der barocken
Basilika **Santa Maria Assunta**
und das Kastell überragen die
weißen niedrigen Häuser auf dem
Hügel des die weite Ebene beherr-
schenden Städtchens Oria
(15 400 Einw.). Der einstige Kö-
nigssitz der Messapier erlebte seine zweite Blütezeit im Mittelalter:
Friedrich II. ließ im 13. Jh. auf der
alten Akropolis das **Kastell** über

dreieckigem Grundriss errichten. Heute beherbergt es Waffen und Rüstungen (z.Zt. in restauro).

Seine jüdische Kolonie trug Oria auf wissenschaftlichem und kulturellem Gebiet eine führende Stellung ein. Das Viertel ***Giudea** (»Judäa«) erinnert bis heute daran und ist einer der am besten erhaltenen Flecken aus dem mittelalterlichen Apulien. Unter der Aussichtsterrasse vor der Basilika liegt das **Centro di Documentazione messapica** mit über 350 Fundstücken (Gefäße, Waffen, Schmuck etc.) aus messapischen Gräbern, von den Anfängen bis in römische Zeit (Mo–Sa 8.30–13.30 Uhr).

Messapische Mauer in Manduria

Restaurant

Vecchia Oria
Vico Rotto Milizia 3
Tel. 08 31 84 58 80
Serviert bodenständige, fantasievoll zubereitete Gerichte. Mi Ruhetag. ●●●

Manduria 4

Sehenswürdigkeiten aller Epochen warten in einer der interessantesten Städte des Salento (31 700 Einw.). Nordöstlich des Ortes, bei der modernen Kirche Sant'Antonio, stehen Reste der ***messapischen Mauer.** Sie ist bis zu 7 m hoch und stammt aus dem 5.–3. Jh. v. Chr. Etwas stadteinwärts liegt die ***Fonte Pliniano,** ein unterirdisches Quellheiligtum. Schon Plinius d.Ä. interessierte sich für diesen Ort, daher der Name. In der Altstadt findet sich die romanische, später in Renaissanceformen erneuerte

Hauptkirche **San Gregorio Magno** mit feinen Karyatiden an der schönen Nussholzkanzel (1608). Schräg gegenüber ist der Zugang zum mittelalterlichen jüdischen Ghetto. Am Abend speist man natürlich zum gehaltvollen lokalen Rotwein Primitivo di Manduria. Wer ihn kosten möchte – Weinproben bieten: Consorzio Produttori Vini (Via Fabio Massimo 19, Tel. 09 99 73 53 32), Coop. Messapia (Via Fabio Massimo 23, Tel. 09 99 79 57 81) und Cantina e Oleificio Sociale (Via per Lecce, km 25, Tel. 09 99 79 60 45).

Hotels

■ **Masseria Bosco**
Via per Erchie
74020 Avetrana (9 km von Manduria, Richtung Avetrana)
Tel. 09 99 70 40 99
www.masseriabosco.it
Schöner alter Bau, umgeben von Olivenhainen, mit Pool und Spielplatz; in den ehemaligen Ställen serviert das Restaurant hausgemachte Nudeln. Das Olivenöl Extravergine stammt aus eigenem Bioanbau. ●●●

■ **Castello di Mudonato**
74020 Avetrana (3,5 km von Mandu-
ria Richtung Salice Salentino)
Tel./Fax 09 99 70 40 76
www.castellodimudonato.it
Familie Mannarini von Braun hat in
ihre befestigte mittelalterliche Masseria zwei mit antiken Möbeln eingerichtete Ferienwohnungen integriert. Man
spricht Deutsch! ●

■ **Osteria dei Mercanti**
Via Giuseppe Lacaita 7
Tel. 09 99 71 36 73
Im Zentrum in der Nähe des Kastells
wird gute pugliesische Küche geboten.
Mo geschl. ●—●●

■ **Enoteca del Primitivo**
Vico Senatore G. Lacaita 16
www.enotecadelprimitivo.it
Im ehemaligen Ghetto vor der Kathedrale, unter Gewölben, Wein-Bar mit
lokalen Delikatessen. Weinverkauf.

Porto Cesareo 5

Vor dem lebhaften Bade- und Fischerort mit feinem Sandstrand
breitet sich ein Archipel winziger
Inseln aus – ideal für Sonnenanbeter und Hobbytaucher. Wer
nicht nur einfach hinüberschwim-
men möchte, kann an der Hafen-
promenade auch ein Boot mieten.
Die markanteste Sehenswürdigkeit des Ortes ist – natürlich – ein
Wachturm des 16. Jhs.

Hotel

Lo Scoglio
Isola Lo Scoglio
Tel. 08 33 56 90 79
www.isolaloscoglio.it

Angenehmes Hotel auf der gleichnamigen kleinen Insel im Hafen, mit schi-
ckem Restaurant, eigenem Strand und
sehr schöner Parkanlage. ●●—●●●

Restaurant

Al Gambero
Tel. 08 33 56 91 23
Romantisch im Freien und direkt am
Wasser neben dem Wehrturm genießt
man hier gute Fischgerichte. Im Winter
Mo Ruhetag. ●—●●

Ausflug nach Salice Salentino 6

Das Zentrum des Weinbaus ist
Salice Salentino, eines der typischen weißen Städtchen dieser
Gegend mit einer hübschen barocken Pfarrkirche.

**Im berühmten Keller von Ba-
ron Leone de Castris** (Via Senatore de Castris 48, www.leonede-
castris. com) reifen u.a. der Rosé
Five Roses, der ausgezeichnete
Weiße Donna Lisa DOC, der klassische Rote Salice Salentino DOC
und eine blumige, fruchtige Grappa. Am anderen Ortsende ver-
kauft die **Winzer-Kooperative**
nur offenen Wein, der sich aber
hinter den Prädikatsweinen ganz
gewiss nicht verstecken muss (Via
P. Nenni 12).

Nardò 7

Das Zentrum von Nardò
(30 700 Einw.) ist die geschlossene
Platzanlage der ***Piazza Salandra**
mit der 30 m hohen Guglia

In Nardò führt der abendliche corso natürlich auf die Piazza Salandra

dell'Immaculata (Mariensäule). Die Barockkirche **San Domenico** sieht man schon von der Piazza aus. Ungewöhnlich sind die grotesken Trägerfiguren an der Fassade. Rechts am Sedile vorbei erreicht man vom Hauptplatz aus die sehenswerte **Kathedrale** mit Barockfassade und romanisch-gotischem Innenraum.

Nardòs Hausstrände liegen umgeben von grünen Hügeln in den Badeorten **Santa Caterina** und **Santa Maria al Bagno.** Vor türkisfarbenem Meer ragen die **Quattro Colonne** empor, Ecktürme des einstigen spanischen Kastells.

Hotel

Villa Tarantino – Relais de Charme
SS Caterina 30
(SP 129 Nardò-Santa Caterina)
Tel. 32 87 26 43 78
www.bedinnsalento.it (auf Santa Caterina klicken)

B&B in der Villa Tarantino aus den 1920er-Jahren mit großem Park. ●—●●

Restaurant

Da Ginetto
Via Lamarmora
Santa Maria al Bagno
Auf einer Terrasse am Meer genießt man Fischgerichte in allen Variationen. Sehr gut sind auch die Meeresfrüchte, Garnelen und Kraken. ●●

Ausflüge von Nardò

Copertino 8 und Leverano 9

Copertino, in dessen Umgebung der vollmundige Rote Copertino DOC angebaut wird, ist der Heimatort des einzigen bedeutenderen apulischen Malers der Renaissance, Gianserio Strafella (ca. 1520–1573). Einige seiner Arbeiten sind im imposanten Kastell mit prächtigem Renaissanceportal und in der Rokokokirche Madonna delle Nevi zu sehen.

In **Leverano** werfen Sie einen Blick auf den eleganten Wehrturm Friedrichs II. und die reich verzierte Fassade der Pfarrkirche, anschließend geht es zur Weinprobe. Der rote Komplex im Pinienhain an der Via Cesarea von Leverano Richtung Porto Cesareo gehört der Cantina Zecca (www.conti zecca.it). Die große Auswahl an edlen Kreszenzen umfasst z.B. *Luna,* einen fruchtigen *Salice Salentino Bianco.* Dahinter bietet die Cantina sociale Vecchia Torre (Via Marche 1, www.cantinavec chiatorre.it) gute und günstige offene Weine sowie Flaschenweine an. Ein Abstecher von 8 km führt zur exzellenten Cantina von Applonio nach Monteroni di Lecce (Via San Pietro in Lama 7, www. apolloniovini.it). Empfehlenswert sind der weiße Aperitifwein Elfo aus der lokalen Rebe Bombino und der rote Copertino DOC.

Galatina 🔟

Hier kommen Mittelalterfans auf ihre Kosten. In Galatina (27 700 Einw.) besticht ein umfangreicher Freskenzyklus aus dem Quattrocento in der Kirche *Santa Caterina d'Alessandria.* Der Feudalherr Raimondello del Balzo Orsini ließ den Bau ab 1384 errichten. Die *Fresken mit Szenen aus dem Leben Christi und der hl. Katharina sowie aus der Genesis und der Apokalypse gab seine Witwe um 1420 bei neapolitanischen und mittelitalienischen

Malern in Auftrag. Noch einen Grund, nach Galatina zu fahren, liefern die **divini amori, mit Marmelade gefüllte Plätzchen aus Mandelteig.**

Galàtone 🕚

Weinfelder säumen den Weg in das Städtchen (15 900 Einw.). Am Rand der Altstadt, vor dem viereckigen Wehrturm, erhebt sich eine der schönsten Barockkirchen der Gegend im Lecceser Stil. Die dreiteilige Fassade des ****Santuario del Crocifisso della Pietà** wirkt durch das große Fenster mit seiner fein durchbrochenen Marmorplatte fast ein wenig maurisch. Noch prächtiger präsentiert sich der Innenraum der Wallfahrtskirche mit vergoldeter Kassettendecke und dem **sehenswerten Zuckerbäckeraltar.**

**Gallipoli 🕑

Griechen aus Taranto gründeten einst die *kale polis* (»schöne Stadt«), das heutige Gallipoli (21 200 Einw.). Bis zur normannischen Eroberung 1071 war die Stadt eines der blühenden byzantinischen Zentren des Salento. Enge Gassen, weißgetünchte niedrige Häuser, blumengeschmückte Balkone, Bogen und Treppenaufgänge charakterisieren die in sich geschlossene, auf einer Insel liegende ***Altstadt.** Den Zugang schützt das rechteckige, wehrhafte ***Kastell.**

Man passiert die Markthallen und folgt der Hauptflaniermeile Via Antonietta De Pace bis zur prächtigen ***Kathedrale.** Sie wurde 1696 im Lecceser Barockstil fertiggestellt. Schön ist das Fest zu Ehren der hl. Christina mit Prozession, Konzert und Feuerwerk am 24. Juli.

Das **Museo Civico** in der Via A. De Pace 108 beherbergt ein auch für Kinder abwechslungsreiches Sammelsurium vom Walskelett über Mineralien bis zum messapischen Sarkophag und viele weitere Exponate (tgl. 9–13, Di, Do auch 16–18 Uhr). Ebenfalls in der Via A. De Pace findet sich der ***Frantoio Ipogeo,** eine interessante alte Ölmühle unter einem Palazzo (Mitte Mai–Sept. 10 bis 12.30, 16–18.30, Juli 10–13.30, 16–22, Aug. bis 23 Uhr).

Auf den **Riviere** (Uferstraßen) kann man um die Altstadt herumspazieren, mehrere Barockkirchen liegen am Weg. Das Baden an der Baia Verde, der wunderschön vor einem Piniengürtel gelegenen Sandbucht im Süden Gallipolis, ist ein Genuss.

Hotel

Al Pescatore
Riviera Cristoforo Colombo 39
Tel. 08 33 26 36 56
www.al-pescatore.it
Altstadt-Hotel in einem Palazzo (17. Jh.), stilvoll und komfortabel; gutes Fischrestaurant. ●●—●●●

Restaurants

■ Marechiaro
Lungomare Marconi
Tel. 08 33 26 61 43
Der Familienbetrieb nimmt den kleinen Felsen vor der Altstadtbrücke ein; her-

vorragende Fischgerichte wie die Fischsuppe *alla gallipolina.* ●●●

■ Pane Olio e Fantasia
Piazzetta della Repubblica 8–9
Bruschette mit feinem Olivenöl und andere gute Snacks, auch im Freien. Di geschl. ●

Shopping

Cantina Calò Rosa del Golfo
Via Garibaldi 56][Alezio
www.rosadelgolfo.com
Bietet exzellente Weine wie den weißen *Bolina,* den durftigen Rosé *Rosa del Golfo* den ausgezeichneten roten *Portulano* oder den perlenden *Brut Rosè,* nur 5,5 km entfernt in Alezio.

Die schönsten Sandstrände

■ An der wunderschönen **Baia Verde** im Süden Gallipolis badet man vor einem grünen Pinniengürtel. ❯ S. 89

■ Der Strand bei **Torre dell'Orso** im Norden Otrantos liegt in einer Bilderbuchbucht vor hohen Pinien. ❯ S. 91

■ Der feine Sandstrand **westlich von Le Castella** bietet den Traumblick auf die Wasserburg. ❯ S. 126

■ Kilometerlang nur Sand: der weit geschwungene beliebte Strand von **Castellaneta Marina.** ❯ S. 75

■ Besonders feinen Sand findet man im **Naturschutzgebiet Torre Guaceto.** ❯ S. 73

■ Der lange Strand **im Westen von Peschici** liegt vor grünlich schimmernden Olivenhainen. ❯ S. 43

■ Den besonders breiten, feinkörnigen Strand in **Policoro Lido** nutzen hauptsächlich italienische Familien. ❯ S. 110

Santa Maria di Leuca 🔟🟢

Hier befindet man sich am südlichsten Punkt Apuliens. Auf dem 60 m hohen Kalkfelsen überragt der weiße Marineleuchtturm die viel besuchte mächtige Wallfahrtsstätte Basilica finis terrae, die Kirche am Ende der Welt. Von dort führen über 180 Stufen hinab in den Hafen- und Fischerort.

Im Ort selbst spaziert man an einer kuriosen Ansammlung von Villen aller Stile entlang, denn die Reichen und Schönen zog es schon seit Anfang des 20. Jhs. hierher. Machen Sie einen **Bootsausflug zu den vielen Grotten** entlang der Küste, die nur vom Meer aus zu entdecken sind.

Hotel

Mamma Rosa
Via Dante Alighieri 17
73053 Patù (6 km von Santa Maria di Leuca)][**Tel. 08 33 75 20 63**
www.albergomammarosa.it
Einfache Zimmer, Familienbetrieb; Restaurant mit exzellenter salentinischer Küche. ●

Restaurants

■ **Rua de li Travaj**
Via Cavallotti 44][**Patù**
Tel. 34 90 58 45 31
Absolut nette Atmosphäre in dem alten Palazzo, einfache, wohlschmeckende Küche des Salento. Im Winter Mi geschl. ●

■ Am **Gästehafen** und entlang des **Lungomare C. Colombo** reihen sich etliche Bars und Caffès, die Snacks servieren. Hier trifft man sich v.a. abends.

Mamma, li turchi!

Zuerst die Sarazenen, seit dem 14. Jh. die Türken: Die Küsten Süditaliens hatten lange unter den Raubzügen islamischer Piraten zu leiden. Mit dem Fall Konstantinopels 1453 trat jedoch eine neue Situation ein, denn nun schickten sich die Türken erstmals zur dauerhaften Landnahme in Italien an.

Am 28. Juli 1480 griff eine aus 90 Galeeren mit 18 000 Mann bestehende Flotte unter dem berüchtigten Ahmed Pascha Otranto an. Die letzten 800 Einwohner mussten am 12. August kapitulieren. Da sie ihrem Glauben nicht abschwören wollten, wurden sie am 14. August brutal niedergemetzelt. Ihre Gebeine birgt heute die Märtyrerkapelle im Dom. So entstand eine erste türkische Kolonie in Süditalien und mit ihr eine ständige Bedrohung für das Umland. Erst im September 1481 gelang es dem Thronfolger Alfonso, die Türken aus Otranto zu vertreiben.

Das kurze, aber schockierende Auftauchen der Türken im 16. Jh. führte zu verstärkten militärischen Aktionen der neuen spanischen Regierung in Neapel. Damals wurden die für die Küsten Apuliens und Kalabriens so charakteristischen Wehrtürme errichtet und die Kastelle verstärkt. Der Schreckensruf »Mamma, li turchi!« (»Mama, die Türken!«) hielt sich bis heute im Sprachschatz des Südens.

**Otranto

Wahrscheinlich gründeten Griechen aus Taranto den Ort Hydruntum, den Vorgänger des heutigen Otranto, Italiens östlichster Stadt (5500 Einw.). Eine Katastrophe für die Stadt und ein Schock für das gesamte christliche Abendland war die türkische Eroberung im Jahr 1480.

Die **Altstadt

Eine lange Sandbucht führt zur anmutigen Altstadt, die auf einem kleinen Kap über dem Fischerhafen liegt. Enge gepflasterte Gassen, weiße niedrige Häuser – man taucht in eine mediterrane, griechisch wirkende Welt ein.

Nach rechts geht es zur 1080 begonnenen romanischen *Kathedrale mit dem berühmten gewaltigen **Fußbodenmosaik, das zu den größten Arbeiten dieser Art gehört und außerdem hervorragend erhalten ist. Es nimmt das gesamte Mittelschiff sowie den Chor und Teile der Seitenschiffe der Kathedrale ein und zeigt einen Lebensbaum (von der Schöpfung bis zum Jüngsten Gericht). Die Bilder aus dem 12. Jh. erzählen biblische Geschichten und mythologische Begebenheiten, umfassen einen Ritterzyklus und die Monatsarbeiten. Die Bilder wirken stilistisch zuweilen ein wenig ungelenk, sind jedoch thematisch außergewöhnlich.

Die **Krypta, einen Stock tiefer, ist die erste Hallenkrypta Apuliens – ein Säulenwald mit bemerkenswerten Kapitellen.

Bodenmosaik im Dom

Gepflegte Gässchen führen zum *Kastell, 1485–1498 von Alfons V. von Aragon errichtet. Seine dicken Mauern, der tiefe Graben, die drei Rundbastionen und die vierte, später angebaute Lanzenbastion entsprangen der Angst vor einem erneuten Angriff der Türken (im Hochsommer 9–13, 17–21 Uhr, sonst kürzer, im Winter nur vormittags). Zentrum der Altstadt ist die belebte **Piazza del Popolo**.

Am schönsten badet man an den wunderschönen *Sandstränden nordwestlich der Stadt bei den Alimini-Seen und in der traumhaft schönen Bucht Torre dell'Orso.

Verkehr

Im Sommer Shuttle-Busse zu Stränden nördlich von Otranto.

Hotels

■ **Rosa Antico**
SS 16][km 1][Tel. 08 36 80 20 97
www.hotelrosaantico.it
Rosafarbene Villa des 16. Jhs. im Orangenhain, stilvolle Zimmer. ●●—●●●

Karte
Seite 82

■ **Blumare Club Village**
Ortsteil Frassanito (bei den Laghi
Alimini)][Tel. 08 36 80 11 44
www.salento.it/blumare.club.village
Wunderschöne Apartment-Anlage,
zwei Swimmingpools, ein Shuttle-Bus
verkehrt zum 600 m entfernt gelegenen Sandstrand. ●●–●●●

Restaurant

Da Sergio
Corso Garibaldi 9
Tel. 08 36 80 14 08
Exzellente Fischküche, angefangen bei
den Antipasti, sowie hausgemachte
Desserts. Im Winter Mi geschl. ●●

Shopping

An der Bummelmeile Otrantos, dem
Corso Garibaldi, lassen sich Glas-
bläser und Pappmascheekünstler bei
der Arbeit zuschauen, Souvenir- und
Lebensmittelgeschäfte bieten salenti-
nische Spezialitäten an.

Im Hafen von Castro Marina

Ausflüge von Otranto

Santa Cesarea Terme 15 und Castro Marina 16

Romantisch zwischen Felsen und
Meer liegt der kleine Ort **Santa
Cesarea Terme** (3
100 Einw.). Die haushohen Wände eines Steinbruchs am Wasser
bilden mit der Kuppel einer orientalisch angehauchten Villa den
Blickfang in dem netten Bade-
und Thermalort. Wer ein wenig
den Hügel hinaufsteigt, genießt
eine grandiose Aussicht über die
ganze Küstenlinie.

Der nette Badeort **Castro Marina** lädt zu einer Badepause ein.
Erfrischend ist der Sprung ins
glasklare Wasser. Oberhalb der
Küste liegt in 90 m Höhe das alte
Bergdorf **Castro.** Es wird von einem spanischen Kastell bewacht,
ganz in der Nähe befindet sich die
ehemalige Kathedrale aus dem
12. Jh. Die Aussicht reicht von
der Terrasse hinter der Festung
bis Santa Maria di Leuca.

Die Perle unter den Grotten
dieses Küstenabschnitts ist die
Grotta Zinzulusa (4,5 km südl.).
Wie eine Theaterbühne öffnet
sich der Eingang, wo die namen-
gebenden *zinzuli* (»Fransen«) he-
rabhängen. Im Laufe der Jahrhunderte entstanden die imposanten
Stalagmiten und Stalaktiten in
dem 135 m langen Gang, der bis
zum sogenannten Dom, einer
großen Halle, führt (Juli/Aug. tgl.
9.30–19, Juni, Sept. bis 18.30,
sonst 10–16 Uhr).

Ed
g

Karte
Seite 94

Hotel

Macchia di Pele

An der Küstenstraße zwischen
Castro und Santa Cesarea Terme
Tel. 08 36 97 91 07
www.macchiadipele.it
B&B in altem Steinhaus direkt über
dem Meer, Terrasse mit großartigem
Ausblick. ●●●●

8 **Lecce** 17

Ein festliches Barockensemble in
honigfarbenem Tuffstein – so
präsentiert sich die Provinzhauptstadt (94 000 Einw.) auf dem Absatz des italienischen Stiefels.
Zwischen 1550 und 1750 erlebte
die Metropole des Salento eine
wirtschaftliche und künstlerische
Blütezeit, aus der die Altstadt völlig verwandelt hervorging. Ab
Mitte des 16. Jhs. bekam Lecce
über 20 neue Kirchen, zehn Klös-
ter, Schulen, Seminargebäude und
Hospitäler. So erwartet heute ein
geschlossenes Ensemble typischer
Lecceser Barockarchitektur die
Besucher. »Das Florenz des Barock«, wie die Italiener Lecce nen-
nen, ist immer noch eine wohlha-
bende Stadt, die dank ihrer
Universität auch eine recht lebhafte Atmosphäre besitzt.

Piazza Sant'Oronzo

Zentrum von Lecce ist seit der
Antike die belebte Piazza
Sant'Oronzo mit der 5 m hohen
Statue des Stadtheiligen. Er schaut
von der ehemaligen Endsäule der
Via Appia › S. 95 herab, die Ein-
wohner Brindisis hatten sie Lecce
nach einem Ausbruch der Pest ge-

In Lecces Altstadtgassen lohnt
der Blick nach oben

schenkt. Versammlungsort der
Führungsschicht war der Ende
des 16. Jhs. errichtete **Palazzo del
Sedile** Ⓐ. Aus Rücksicht auf andere Gebäude wurde das römische **Amphitheater** Ⓑ (2. Jh.) nur
zur Hälfte freigelegt. Es fasste
einst 20 000 Zuschauer. Das älteste Café der Stadt ist das Alvino
an der Piazza Sant'Oronzo. Hier
gibt es leckere süße Teilchen. In
der Bar **Tito Schipa** sollte man einen Aperitif trinken – und dazu
delikate Häppchen kosten.

**Echt
gut!**

*Sant'Irene Ⓒ

Die Hauptflaniermeile von Lecce,
die Via Vittorio Emanuele II,
führt von der Piazza Sant'Oronzo
direkt auf die festliche Fassade der
1591–1639 errichteten Theatiner-
kirche Sant'Irene zu. Die klare ar-
chitektonische Struktur weist
noch in die Renaissance, die verspielte Dekoration in die Barock-

zeit. Im hohen, hellen Innenraum der Kirche kommen die prachtvollen *Altäre mit ihren gedrehten, von Pflanzendekor umrankten Säulen gut zur Geltung. Im September und Oktober erklingen beim **alljährlichen Orgelmusikfestival in den Kirchen** von Lecce und der Provinz feinste Töne.

Echt gut!

An der *Piazza del Duomo

Wie eine Theaterkulisse öffnet sich die Piazza del Duomo dem Blick. Das barocke Ensemble mit Campanile, Dom, Bischofspalast und Seminargebäude erscheint wie aus einem Stück gegossen. Bedeutende Meister des Lecceser Barock haben hier mitgearbeitet.

A Palazzo del Sedile	G Chiesa del Rosario	L Palazzo del Governo
B Amphitheater	H Teatro Romano	M Basilica Santa Croce
C Sant'Irene	I San Matteo	
D Dom Sant'Oronzo	J Museo Provinciale Sigis-	
E Bischofspalast	mondo Castromediano	
F Palazzo del Seminario	K Castello	

*Dom Sant'Oronzo

Von der prächtigen und verspielten *Schauwand des Doms herab grüßt der hl. Oronzo. Mit Rücksicht auf die Gesamtanlage hat man die Nordfront zur Hauptfassade erhoben. Das dreischiffige Innere wirkt zwar etwas protzig, doch überzeugen viele Details durch ihre feine Ausführung. So faszinieren z.B. die detailreichen *Altäre mit gedrehten Säulen, Pflanzendekor und Engelsköpfen. Die große Tradition apulischer Krippen wahrt die Skulpturengruppe (zweite Kapelle links) des gebürtigen Leccesers Gabriele Riccardi.

Der hl. Oronzo blickt von der barocken Schauwand des Doms

Paläste an der Piazza

Neben dem Dom steht der 1632 wieder aufgebaute **Bischofspalast** mit der eleganten Loggia. Den angrenzenden *Palazzo del Seminario schuf von 1694 bis 1709 Giuseppe Cino, führender Architekt des Spätbarock. Markante Pilaster gliedern die Fassade so, dass sich üppiges Baudekor entfalten kann. Im Innenhof steht ein hübscher **Brunnen.

*Chiesa del Rosario

Mehr Barockes findet man in der Via Libertini, die ganz im Westen die *Porta Rudiae von 1703 abschließt. Die **Fassade der Chiesa del Rosario wirkt mit dem in Stein gehauenen Buschwerk fast wie ein Gemälde. Giuseppe Zimbalo schuf hier sein letztes Meisterwerk. Die Schaufront verbirgt einen achteckigen *Innenraum mit vier Kreuzarmen.

Vom Dom nach San Matteo

Südöstlich des Domplatzes legte man das **Teatro Romano**, das bislang einzige in Apulien entdeckte römische Theater, frei. Es bot einst rund 5000 Menschen Platz. Das Theater ist frei einsehbar.

Figuren aus Pappmaschee

Lecce ist die Stadt der *cartapesta*, der Pappmascheefiguren, die auch ein ideales Mitbringsel sind. Erhältlich sind sie z.B. bei **Terracotta e Cartapesta**, Piazzetta Riccardi 6, Tel. 08 32 33 10 70. Eine der besten Werkstätten, die noch das Ambiente des 19. Jhs. besitzt, leitet **Mario Di Donfrancesco**, Via D'Amelio 1, www.didonfrancesco.it.

Typische Lecceser Barockpaläste flankieren den Weg zur Kirche *San Matteo ❶. Erst beim genauen Hinsehen erkennt man die Raffinesse der *Fassade. Ein Gesims teilt sie in zwei unterschiedlich geschwungene Geschosse.

*Museo Provinciale Sigismondo Castromediano ❿

Eine Abteilung des nach seinem Gründer benannten Provinzmuseums informiert über die Frühgeschichte bis zu den Messapiern: Neben Keramik und Münzen sind die noch farbigen *Türflügel eines messapischen Grabmals aus Lecce zu sehen. Die lebensgroßen Statuen stammen aus dem Amphitheater. In der Gemäldesammlung befinden sich u.a. zwei bemerkenswerte Polyptichen von 1380 und 1463 (Mo–Sa 9–13.30, 14.30–19.30, So und Fei nur 9–13.30 Uhr; Eintritt frei).

Vom Kastell in die nördliche Altstadt

Abweisend wirkt das mächtige Castello ⓚ, das Kaiser Karl V. im 16. Jh. gegen die Türken mit den für die damalige Zeit charakteristischen Lanzenbastionen errichten ließ (z.T. in restauro). Der nahe Stadtpark lädt im Sommer zu einer Pause ein. Gleich nebenan liegt der berühmteste Barockkomplex Lecces, das ehemalige Zölestinerkloster. Es besteht aus einstigen Konventsgebäuden, heute als Palazzo del Governo ⓛ Sitz der Provinzregierung, und der **Basilica Santa Croce ⓜ. Ihre **Schauseite folgt der klaren Struktur von Renaissancefassaden, kombiniert mit überreicher Barockdekoration. Originell die Menschen- und Tierfiguren, die den Balkon stützen. Klassisch in seinen Proportionen und doch reich dekoriert zeigt sich auch das Innere.

Echt gut!

Traditionelle Souvenirs

■ Wunderschöne **Pappmaschee-Arbeiten** produziert man in Lecce. ❯ S. 95 und 97
■ Originelle **Brigantenfiguren und feine Holzarbeiten** werden in Camigliatello Silano geschnitzt. ❯ S. 123
■ In San Giovanni in Fiore webt man die **traditionellen Decken der** Sila a pizzulune. ❯ S. 125
■ Die dekorativen apulische Tonpfeifen, fieschietti, die sogar funktionieren, kauft man in Vieste. ❯ S. 45
■ Die einfache, so mediterran anmutende Haushalts-**Keramik** mit blauen Sternen und Hahn wird in Grottaglie hergestellt. ❯ S. 84

Info

■ **Ufficio Turistico**
Via Vittorio Emanuele 24 (im Castello)][73100 Lecce
Tel. 08 32 24 80 92
www.pugliaturismo.com
Vermittelt Führungen in deutscher Sprache.
■ **Abitalecce**
Via dei Mocenigo 12
Tel. 08 32 27 91 95
www.abitalecce.it
Hier erhält man Adressen für stilvolle B&Bs.

Hotels

■ President
Via Salandra 6][Tel. 08 32 45 61 11
www.hotelpresidentlecce.it
Im Shoppingviertel Mazzini, in der
Nähe des Castello; klassisch-elegante
Einrichtung. ●●●

■ Cappello
Via Montegrappa 4
Tel. 08 32 30 88 81
www.hotelcappello.it
Kleines ruhiges und hübsches Hotel in
Bahnhofsnähe, Garage. ●●

Restaurants

■ Cucina Casareccia
Via Costaduro 19
Tel. 08 32 24 51 78
Das Lokal gilt als Tempel der typi-
schen Lecceser Hausmannskost;
viele Gemüsegerichte. So abends und
Mo geschl. ●●

■ Osteria degli Spiriti
Via Battisti 4][Tel. 08 32 24 62 74
Fantasievolle Salentiner Küche, serviert
unter alten Gewölben. So abends,
Mo mittags geschl. ●●

Shopping

■ Consorzio Artigiani della Provincia di Lecce
Via Rubichi 21
www.mostrartigianato.le.it
Adresse für hochwertiges Kunsthandwerk.

■ Casa dell'Artigianato Leccese
Via Matteotti 20
www.artigianatoleccese.com
Erstklassiges aus Pappmaschee,
Lecceser Stein und Terrakotta.

■ Giovanni Giannone
Via Palmieri 2
Skulpturen, Lampen und Tische aus
dem örtlichen Stein *(pietra leccese)*.

Ausflüge von Lecce

*Santa Maria di Cerrate ⓲

Mittelalterliche Kunst sowie ein
Volkskundemuseum, das sogar
für Kinder zum Erlebnis wird,
bietet das Kloster Santa Maria di
Cerrate, 15 km nördlich von Lecce. Einsam erhebt es sich in der
weiten Landschaft zwischen
Squinzano und der Adria. Inmitten der stimmungsvollen Anlage
steht die romanische *Kirche, die
Tankred von Lecce errichten ließ,
nachdem ihm laut einer Legende
auf der Jagd die Madonna im Ge-
weih eines Hirsches erschienen
war. Der äußerste Bogen um das
Portal zeigt Szenen aus dem Neu-
en Testament. In den Nebenge-
bäuden gibt das **Museo delle Arti
e delle Tradizioni popolari del
Salento** Einblick in die traditionelle Kultur des Salento. (tgl.
9–13.30, 14.30–19.30 Uhr; Eintritt frei).

Romanische Skulptur im Portal-
bogen von Santa Maria di Cerrate

Basilikata

Nicht verpassen!

- Wanderung durch die Lukanischen Dolomiten
- Den feurigen Aglianico in Rionero in Vulture probieren
- Ausflug zu den Laghi di Monticchio
- Durch die Sassi Materas in die Vergangenheit spazieren
- Den Dorischen Tempel in Metaponto

Zur Orientierung

Immer wieder wundervolle Ausblicke! Sie gehören zur Hauptattraktion dieses weiten hügeligen Landes, das die über 2000 m hohen Berge des Pollino-Massivs im Süden fast unüberwindbar zu Kalabrien hin abschließen. In der dünn besiedelten, noch weitgehend unbekannten Basilikata lassen sich ursprüngliche Städtchen entdecken, die ihre sehenswerten Kulturschätze aus der Antike und dem Mittelalter stolz präsentieren. Die Normannen und Friedrich II. haben dem Gebiet zwischen dem Monte Vulture und Potenza mit ihren Burgen bis heute ihren Stempel aufgedrückt. Folge der einst großen Abgeschiedenheit und Armut ist eine oftmals unberührte Natur, die zu Fuß oder mit dem Mountainbike erkundet werden kann, sowie eine bodenständige, auf exzellenten Wurst- und Käseprodukten basierende Küche, zu der der rote Aglianico von den Hängen des Monte Vulture hervorragend passt.

Wasserspaß und Strandleben: Auch das bietet die Basilikata an ihren beiden kurzen Küstenabschnitten. Am Tyrrhenischen Meer locken kleine, felsige Badebuchten, um Metaponto und Policoro am Ionische Meer weite Sandstrände – und Relikte der griechischen Kultur.

Matera – ein Glanzlicht
der Basilikata

Touren in der Region

Am Monte Vulture

━⑩━ **Melfi** › **Monte Vulture** ›
Rionero in Vulture › **Venosa**

Länge: 3 Tage, 80 km
Praktische Hinweise: Ein Auto ist für die Rundfahrt um den Monte Vulture unabdingbar.

Tag 1: In der Altstadt von **Melfi** › S. 102 folgt man den Spuren Friedrichs II. hinauf zum mächtigen *Kastell. Tag 2: Es geht hinein in die dichten Buchen-, Eichen- und Kastanienwälder des erloschenen Vulkans *Monte Vulture › S. 104. In zwei Kratern liegen die intensiv grün leuchtenden romantischen kleinen Seen *Laghi di Monticchio. In diesem grünen Waldgürtel wandert man ungestört auf ausgeschilderten Wegen. Schon der in Venosa geborene Horaz rühmte den hervorragenden Wein, der in der Vulkanerde zu Füßen des Berges gedeiht. In den Weinkellern in **Rionero** › S. 103 kann man sich davon selbst überzeugen. Tag 3: Es geht hinunter nach **Venosa** › S. 105. Die unvollendete Kirche Santa Trinità zeigt den Größenwahn normannischer Herrscher, man bewundert antike Ausgrabungen und ein freundliches Stadtzentrum um das Renaissance-Kastell.

Am Vulkan Monte Vulture Melfi › Monte Vulture › Rionero in Vulture › Venosa

Die Basilikata

0   20km

Im Zentrum der Basilikata

⑪ › Potenza › Lagopesole › Acerenza › Vaglio Basilicata › Lukanische Dolomiten

Länge: 3 Tage, 165 km
Praktische Hinweise: Viele Straßen sind sehr kurvenreich, etwa die Anfahrten nach Acerenza und Vaglio Basilicata! Auf 1000 m Höhe kann es auch im Hochsommer frisch sein. Deshalb: Pullover einpacken!

Tag 1: Besichtigung der modernen Universitäts- und Regionalhauptstadt **Potenza** › S. 106 mit sehenswertem archäologischen Museum. Tag 2: Von Potenza führen die Straßen hügelauf, hügelab durch grünes Land nach **Lagopesole** › S. 106 mit seiner alles überragenden Burg. Noch großartiger ist der Ausblick von dem auf 833 m Höhe liegenden **Acerenza** › S. 106 mit seiner Kathedrale. Tag 3: Wer Kurven und Panoramen liebt, fährt über einen 981 m hohen Pass weiter nach **Vaglio Basilicata** mit imposanten Mauern der antiken Lukanier in der archäologischen Zone auf 1000 m Höhe und grandiosem Rundblick, sonst auf die SS 93 über Potenza. Auf der Schnellstraße Potenza – Metaponto oder langsam und gemütlich auf der Landstraße über Campomaggiore erreicht man die ***Lukanischen Dolomiten** › S. 107. Bizarre Felsformationen, Wanderwege und die Abenteuerattraktion schlechthin, der Flug am Stahlseil über die Schlucht zwischen den beiden unter den Felsen klebenden Orten **Castelmezzano** und **Pietrapertosa,** lohnen die sehr kurvenreiche Anfahrt hinauf auf 1000 m Höhe.

Verkehrsmittel

Von Potenza über Lagopesole und Melfi nach Venosa fährt ein Bummelzug (www.ferroviedellostato. it). Ein Auto bringt Sie am bequemsten in die kleineren Orte. Busse fahren viele Orte an (für eine Übersicht siehe: www.sita bus.it, »linee regionali« und »Basilicata« anklicken; www.fal-srl.it, »Le linee e i mezzi« anklicken).

Unterwegs in der Basilikata

Melfi ❶

Überragt von einem mächtigen Kastell erstreckt sich das Städtchen auf einem Vulkanhügel. Im 11. Jh. eroberten zwölf normannische Grafen das byzantinische Melfi und erkoren es zur vorläufigen Hauptstadt und zum Ausgangspunkt der weiteren Eroberung Apuliens. Heute zählen die Fiat-Werke zu den seltenen Beispielen einer gelungenen Industrieansiedlung im Süden.

Bräunliche niedrige Häuser schmiegen sich an den Hügel, der von dem schlanken *Campanile des normannischen **Doms** dominiert wird. Er ist eines der wenigen Bauwerke, die die verheerenden Erdbeben im Vulturegebiet von 1851 und 1930 überstanden haben. Der viereckige, 49 m hohe Turm stammt aus der ersten Bauzeit der Kathedrale um die Mitte des 12. Jhs. Später wurden die aufwendige Barockfassade und die Kassettendecke im Innenraum hinzugefügt.

Majestätisch gibt sich das ursprünglich normannische, bis ins 18. Jh. ständig umgebaute *Kastell oberhalb der Stadt. Acht Türme verstärken den Mauerring, der einen palastartigen Innenbau umschließt. Er beherbergt heute u.a. das sehenswerte **Museo Archeologico Nazionale.** Aus der Menge der ausgestellten Funde sticht ein eindrucksvoller, in Kleinasien gearbeiteter **Sarkophag (2. Jh.) mit der Liegefigur einer unbekannten Verstorbenen heraus (Mo 14–20, Di–So 9–20 Uhr).

Il Tetto
Piazza IV Novembre
Tel. 09 72 23 68 37
www.albergoiltetto.com
Gemütliches neues Hotel im alten Gemäuer eines ehemaligen Priesterseminars, bei der Kathedrale. ●

Vaddone
Contrada S. Abruzzese
Tel. 0 97 22 43 23

Ristorante mit Flair und guter Hausmannskost, die man im Sommer im Freien genießt. Mo abends geschl. ●●

Rionero in Vulture 2

In dem Weinbauort (13 500 Einw.) war der berühmteste Brigant der Gegend, Carmine Crocco, zu Hause › S. 104. Heute kennt man Rionero und seinen Nachbarort **Barile** vor allem wegen der exzellenten Rotweine, die hier aus der 2500 Jahre alten Rebsorte *Aglianico* gekeltert werden. Gute Adressen für den Weinkauf sind u.a. Cantine del Notaio (Via Roma 159) und Cantina sociale del Vulture (Via San Francesco). Alljährlich im September lockt das be-

Der Esel als Lasttier gehört immer noch zum Ortsbild

liebte **Weinfest Aglianica mit typischen Produkten des Vulture-Gebiets** und Kulturevents (www.aglianica.it).

Hotel/Restaurant

Locanda del Palazzo
**Piazza Caracciolo 7][85022 Barile
Tel. 09 72 77 10 51
www.locandadelpalazzo.com**
Mediterrane Küche aus einheimischen Produkten. So abends und Mo geschl.
●●●; auch nettes Hotel. ●●

Shopping

Pasticceria Libutti
Via Garibaldi 25
Seit 1850 werden hier herrlich süße Verführungen feilgeboten. Eine Besonderheit: Süßigkeiten aus Kastanien.

Ausflug zum *Monte Vulture

Über dem Atella-Tal erhebt sich weithin sichtbar der erloschene Vulkan Monte Vulture mit seinen Gipfeln, dem Vulture (1326 m) und dem Pizzuto di San Michele (1262 m). Von Rionero führt eine Straße hinauf, das Panorama reicht an klaren Tagen bis zum Tavoliere. Eine andere Strecke verläuft südlich der Gipfel zu den grünlich im Sonnenlicht glitzernden *Laghi di Monticchio. Die Kraterseen liegen in dichtem Laubwald. Eine wunderschöne Wanderung führt durch den Wald

Briganten

Tollkühn und abenteuerlustig, mit feurigem Blick, wildem Bart und in einen weiten Mantel gehüllt – so hätte man sie gerne, die süditalienischen Briganten des 19. Jhs. Doch der Realität entspricht dieses romantische Klischee leider nicht so ganz. Die meisten Männer *und* Frauen schlossen sich nämlich nicht freiwillig den Räuberbanden an, sondern schlicht um der ärgsten materiellen Not zu entgehen. Eine völlig fehlgeschlagene Bodenreform unter der französischen Besatzung 1806 führte letztendlich zu einer Vergrößerung der Latifundien und nicht zu einer gerechteren Landverteilung. Die anhaltende Armut der Bauern, drakonische Strafen für schon kleinste Vergehen und die neuen Steuern nach der italienischen Einigung 1860 zwangen viele Menschen in die Illegalität. Charismatische Anführer wie Ninco Nanco aus Avigliano oder Carmine Crocco (1829–1905) aus Rionero in Vulture versammelten zeitweilig bis zu 2500 Leute um sich. Raubend und plündernd zogen sie von Apulien bis Kampanien. Ihre Rückzugsgebiete lagen in den damals noch ausgedehnten Wäldern im Herzen der Basilikata. Ein massives Armeeaufgebot des neuen italienischen Staates konnte den von beiden Seiten schonungslos geführten Krieg, bei dem über 5000 Briganten standrechtlich erschossen wurden, 1865 beenden.

Der 1947 in Melfi geborene Schriftsteller Raffaele Nigro beschreibt das Brigantentum in seinem Familienepos »I fuochi del Basento« (»Die Feuer am Basento«) auf eindrucksvolle Weise.

hinauf zur sehenswerten **Abtei-kirche San Michele** unweit der Seilbahnstation auf den Vulture.

Venosa 4

Das Städtchen (12 200 Einw.) ist ein wahres Kleinod in einer ausgedehnten Ebene mit Getreidefeldern am gleichnamigen Flüsschen. Frühgeschichtliche Funde aus dieser Gegend bestücken heute Museen in ganz Italien. Anfang des 3. Jhs. v. Chr. eroberten die Römer Venusia, das dank seiner günstigen Lage an der Via Appia rasch aufblühte. Die Stadt, in der 65 v. Chr. der Dichter Horaz geboren wurde, erhielt ein Amphitheater und Thermen.

Kulissenhaft öffnet sich das Halbrund der Piazza Umberto I mit einladenden Bars und Cafés unter den Arkaden. Herzog Pirro del Balzo Orsini ließ 1470 jenseits des breiten Grabens die Kathedrale abreißen, um Platz für sein *Kastell zu schaffen. Es beherbergt das Museo Archeologico Nazionale mit den am Ort verbliebenen Funden sowie einem Lapidarium mit lateinischen und hebräischen Inschriftenstelen – seit der Spätantike besaß Venosa eine große jüdische Kolonie (Mo, Mi–So 9–20, Di 14–20 Uhr).

Einst reihten sich die Häuser entlang der Via Appia, heute führt der Corso Vittorio Emanuele II durch die Altstadt zur neuen Kathedrale. Nach der Zerstörung des alten Doms ließ Herzog Pirro mit dem Bau einer neuen **Bischofskirche** beginnen.

Man folgt dem Corso und der Beschilderung **Casa di Orazio** zu den Grundmauern eines römischen Hauses nahe dem Rathaus: Hier wurde angeblich der Dichter Horaz geboren.

In der **Archäologischen Zone** sind die Reste der römischen Thermen, des Amphitheaters, eines Baptisteriums aus dem 5. Jh. und das bedeutendste Bauwerk Venosas zu sehen: die kurz nach 1059 unter Herzog Robert Guiscard geweihte Abteikirche **Santa Trinità. *Fresken mildern die romanische Strenge der Grablege der Familie Hauteville – des späteren normannischen Königshauses.

Unter dieser Kirche kamen bei Grabungen eine frühchristliche Basilika mit wunderschönen *Mosaikböden und eine Krypta zutage. Um 1100 begannen die Mönche dieses ältesten normannischen Klosters in Süditalien den Erweiterungsbau, der sich jedoch als zu groß erwies. Die Säulen ragen ins Leere, nur der Himmel überdacht die noch erhaltenen Außenmauern (Grabungsgelände: tgl. außer Di 9–13.30 Uhr; Kirche tgl. vormittags geöffnet).

Hotel

Il Guiscardo
Via Accademia dei Rinascenti 106
Tel. 0 97 23 23 62
www.hotelilguiscardo.it
Gepflegtes modernes Hotel mit gut eingerichteten Zimmern, Garten, Frühstücksbuffet, Terrasse. Empfehlenswertes zugehöriges Restaurant mit Spezialitäten wie Risotto mit Steinpilzen. ●●

Potenza 5

Potenza (68 500 Einw.) ist die moderne Hauptstadt der Basilikata. Bei dem Erdbeben von 1980 wurde ein großer Teil der Altstadt zerstört, so dass heute eigentlich nur noch die Flaniermeile Via Pretoria und die an der Piazza Pagano gelegene Kirche San Francesco einen Besuch lohnen.

Sehenswert sind die Sammlungen des *Archäologischen Museums.** Präsentiert werden interessante Exponate aus allen Epochen der Basilikata-Frühgeschichte und des Altertums (Di–Sa 9–13, 16–19, So, Mo, Fei 9–13 Uhr; Eintritt frei).

Info

APT
Via del Gallitello 89
85100 Potenza][**Tel. 09 71 50 76 11**
www.aptbasilicata.it

Hotel

Al Convento
Largo San Michele Arcangelo 21
Tel. 32 98 16 95 79][**34 83 30 76 93**
www.alconvento.eu
Stilvoll restauriertes Haus, historisches Ambiente, kombiniert mit modernem Design, sehr originelle Zimmer, Garage. ●●

Restaurant

Isuccio
Via Appia 198][**Tel. 09 71 47 13 12**
Serviert werden die hausgemachten Nudeln *Lagane* mit Bohnen, typische Gerichte der Stadt wie Lamm mit Käse und Ei sowie hausgemachte Dolci. So geschl. ●

Ausflüge von Potenza

*Castel Lagopesole 6

Majestätisch erhebt sich das Kastell von Lagopesole am Horizont. An der riesigen Burganlage hatten bereits die Normannen und Friedrich II. gebaut, doch wurde sie erst unter Karl I. von Anjou vollendet. Der Komplex gruppiert sich um zwei Höfe. Der kleinere, dessen Bauten bis auf den Wohnturm von den Normannen errichtet wurden, ist der ältere. Rund um den größeren Hof liegen die staufischen bzw. angevinischen Gebäude. Der herrliche Rundblick über das weite Land zeugt noch heute von der günstigen strategischen Lage der Burg (Sommer tgl. 9.30–13, 16–19 Uhr, Winter tgl. 9.30–13, 15–17 Uhr).

Restaurant

La Taverna dei Briganti
Via Federico II 7][**Lagopesole**
Tel. 09 71 86 50 94
Lokale Küche, sehr gute Antipasti, hausgemachte Nudeln und Lamm. Zu Füßen des Kastells. Mo geschl. ●

Acerenza 7

Einst beherrschte der Bischof der Basilika von Acerenza den größten Teil des Gebiets der Lukaner, das daher seit dem 10. Jh. den Namen Basilikata trägt. Noch heute scheint man von Acerenza aus die ganze Region übersehen zu können. Mächtig erhebt sich die romanisch-gotische *Kathedrale am Hügel. Mit Muße sollte man sich die vielen Details an der Fassade, die romanischen Apsiden und den dreischiffigen Innenraum mit der Renaissance-Krypta ansehen. Anschließend laden die mittelalterliche Gässchen zu einem schönen Entdeckungsspaziergang ein.

Hotel

Il Casone
Ortsteil Bosco San Giuliano
85011 Acerenza
Tel. 09 71 74 10 39
hotelilcasone@virgilio.it
Rustikales Haus auf dem Land mit ruhigen komfortablen Zimmern. Das zugehörige Restaurant bietet traditionelle Gerichte, z.B. Nudeln mit Pilzen und lokale Weine. ●●

Shopping

Basilium Wines
Contrada Pipoli
Tel. 09 71 74 14 49
Einer der besten Weinkeller der Basilikata, Aglianico-Weine.

*Lukanische Dolomiten 8

In die Lukanischen Dolomiten geht es kurvenreich auf gut 1000 m hinauf nach **Pietrapertosa.** Die höchstgelegene Ortschaft der Basilikata scheint eins mit dem Stein geworden zu sein. Steil ragen die kahlen Felsen in den Himmel. Die wilde Landschaft mit tiefen Schluchten und schwer erreichbaren Gipfeln ist nicht minder bizarr als die der norditalienischen Dolomiten.

Den Fels im Rücken: Castelmezzano

Ein ähnlich beeindruckendes Naturerlebnis bietet das benachbarte **Castelmezzano.** Die Häuser ducken sich unter den nackten Felswänden – ein beliebtes Ausflugsziel für Wanderer.

Info

Pro loco Pietrapertosana
Vico II M. Pagano 1
85010 Pietrapertosa
Tel. 09 71 98 35 29
www.basilicatabramea.it

Hotel

Il Frantoio
Via Torraca 15
85010 Pietrapertosa
Tel./Fax 09 71 98 31 90
albfrantoio@tiscalinet.it

Gemütliches kleines Hotel, das Restaurant (Di Ruhetag) bietet gute Hausmannskost. ●

Restaurant

Al Becco della Civetta
Vicolo I Maglietta 1
Castelmezzano][Tel. 09 71 98 62 49
www.beccodellacivetta.it
Köstliches aus ausgezeichneten Produkten – unbedingt *salsiccie e soppressate* versuchen! Auch Hotel.
Di (außer Aug.) Ruhetag. ●●

Aktivitäten

Volo dell'Angelo › S. 36 und 137

*Matera 🔟

Die Stadt (59 400 Einw.) gehört heute zur Region Basilikata, historisch bis 1663 und kulturell war der Ort jedoch stets Teil des nur 15 km entfernt liegenden Apuliens. Im Herzen der Altstadt steht

Die Sassi von Matera gehören zum UNESCO-Weltkulturerbe

der sehenswerte *Dom aus dem 13. Jh. mit den typischen Formen der apulischen Romanik. Im festlichen Innenraum harmoniert die überreiche Barockdekoration mit der mittelalterlichen Architektur. Das *Chorgestühl von 1451/1453 zählt zu den ältesten seiner Art.

Im *Museo Archeologico Nazionale Domenico Ridola gerät man beim Anblick der apulischen Keramik ins Schwärmen (Via Domenico Ridola 24; Mo 14–20, Di–So 9–20 Uhr).

***Sassi di Matera 🔟

Immer wieder tut sich urplötzlich ein Abgrund auf, spaltet eine Schlucht das Hügelland. Das ungewöhnlichste Zeugnis der Grottenkultur in diesen Schluchten bilden die Sassi am Rand der Altstadt (www.sassidimatera.it). Von frühgeschichtlichen Zeiten bis kurz nach dem Zweiten Weltkrieg waren die Tuffgrotten bewohnt. Besonders begehrt – wenn auch unbequem – waren derartige Behausungen in Krisenzeiten, weil sie leicht zu verteidigen waren. In den 1950er-Jahren wurden die Zustände in den Sassi zur »nationalen Schande« erklärt. Rom ließ neue Wohnungen für die damals noch 15 000 Bewohner bauen, und die Räumung begann. Die leer stehenden Höhlen zerfielen und werden seit 1967 sehr gemächlich restauriert.

Ein Spaziergang entlang der Panoramastraße unterhalb der Sassi erlaubt, sowohl den herben Reiz der tiefen *Gravina als auch die Sassi kennenzulernen. Der ****Sasso Caveoso** besteht fast vollständig aus Höhlenwohnungen, im ***Sasso Baresano** gibt es dagegen auch ganz oder teilweise aufgemauerte Häuser.

Unterhalb der Höhlenkirche ***Santa Lucia alle Malve** vermittelt die original eingerichtete ==Casa Grotta== eine Vorstellung vom früheren Alltagsleben in den Sassi (tgl. geöffnet).

Buch-Tipp **Carlo Levi** prangerte in seinem später auch verfilmten Roman **Christus kam nur bis Eboli**, dtv München, die zum Teil katastrophalen sozialen Verhältnisse in den Sassi an. › S. 108

Info

■ **APT**
Via De Viti De Marco 9
75100 Matera][Tel. 08 35 33 19 83
www.aptbasilicata.it
■ **Geführte Sassi-Touren** (auch auf Deutsch): **Sassi Tourism** (Via Lucana 238, Tel./Fax 08 35 31 94 58); **Amici del Turista** (Via Fiorentini 28, Tel. 08 35 33 03 01).

Hotels

■ **Italia**
Via Ridola 5][Tel. 08 35 33 35 61
www.albergoitalia.com
Gepflegtes Hotel in der Nähe des Museo Nazionale; sehr schöne Zimmer, tolle Aussicht. ●●–●●●
■ **Sassi Hotel**
Via San Giovanni Vecchio 89
Tel. 08 35 33 10 09
www.hotelsassi.it
Richtig in den Sassi schlafen – mit dem Komfort des 21. Jhs. Romantisch, herrlicher Ausblick. ●●

Restaurants

■ **Botteghe**
Piazza S. Pietro Barisano 22
Tel. 08 35 34 40 72
Im Sasso Barisano, exzellente Antipasti, hausgemachte Nudeln, Zicklein oder Pferdefleisch vom Grill. ●●–●●●
■ **Il Terrazzino**
Vico San Giuseppe 7
Tel. 08 35 33 25 03
Regionale Küche mit Blick auf die Sassi, auch Pizzeria. Di Ruhetag. ●–●●
■ **Caffè Tripoli**
Piazza Vittorio Veneto 17
Köstliches Eis, Treffpunkt für einen Aperitif.

Metaponto ⑪

Zwischen den Mündungen des Bradano und des Basento liegt Metaponto (12 000 Einw.) am Ionischen Meer. Um 690 v. Chr. gründeten die Bewohner von Sybaris die Kolonie Metapontion, die sich rasch zu einem der mächtigsten Stadtstaaten in Süditalien entwickelte.

Direkt an der SS 106, am Ufer des Bradano, stehen die letzten 15 Säulen eines ****dorischen Tempels** aus dem 6. Jh. v. Chr.

Im modernen Metaponto (Bernalda, Borgo Metaponto) liegt das ***Museo Archeologico Nazionale.** In dem architektonisch gelungenen Gebäude sind zahlreiche interessante Funde aus den Nekropolen und Heiligtümern der Stadt zu bestaunen (Mo 14–20, Di–So 9–20 Uhr).

Der ***Parco Archeologico** ist ein weitläufiges Grabungsgelände, auf dem sich einst ein heiliger Be-

Die stolzen Säulen des dorischen Tempels in Metaponto

zirk – ein Temenos – mit mehreren Tempeln erstreckte. Der Blick fällt auf die mächtigen dorischen *Kapitelle des Apollotempels, der um 550 v. Chr. als einer der ersten Steinbauten während der Magna Graecia (Epoche Großgriechenlands) errichtet wurde (9 Uhr bis 1 Std. vor Sonnenuntergang; Eintritt frei).

Über die Eisenbahngleise hinweg führt eine schnurgerade Straße zum **Lido di Metaponto.** Ein feiner, breiter Sandstrand, die attraktive Promenade, Bars und Restaurants, kleine Villen in grüner Umgebunng: ein schöner Platz für erholsame Urlaubstage am Meer.

Hotel

Turismo
Viale delle Ninfe 5
Tel. 08 35 74 19 18
www.hotel-turismo.it
Modernes Hotel am Meer mit eigenem Strand, für einen Badeurlaub ideal, mit Tennisplatz und Restaurant. April–Sept. geöffnet. ●●

Policoro 🔢

In der Nähe der griechischen Städte Heraclea und Siris entstand Policoro (15 300 Einw.). In der Altstadt sind im didaktisch gut aufbereiteten **Museo Nazionale della Siritide** Funde aus den beiden Griechenstädten und dem Umland zu sehen. Paradestücke sind Grabbeigaben der Eisenzeit, feiner Bronzeschmuck, Waffen und Spielzeug. Kleine *Pferdchen auf Rädern stammen aus dem 8. Jh. v. Chr. Der sogenannte Policoro-Maler verstand seine Kunst wirklich – seine Vasen sind exemplarisch. Am eindrucksvollsten sind die Keramiken des 8./7. Jhs. v. Chr. mit geometrischen Mustern (Mo, Mi–So 9–19.30, Di 14–19.30 Uhr).

Hinter dem Museum erstrecken sich auf einer flachen Anhöhe die Ausgrabungen von **Heraclea.** Von Policoro aus führt eine Stichstraße zum gleichnamigen **Lido.** Der breite Sandstrand liegt vor einem Pinienhain.

Hotel

Heraclea
Via Lido][km 5
75025 Lido di Policoro
Tel. 08 35 91 01 44
www.hotelheraclea.com
Einer Burg nachempfundenes Hotel, nur 200 m vom Strand entfernt. Mit Swimmingpool und Tennisplatz; großes Sportangebot, dazu Disco und Restaurant. ●●–●●●

Die Wallfahrtskirche Santa Maria dell'Isola am Strand von Tropea

Kalabrien

Nicht verpassen!

- Den Blick von Tropea auf Santa Maria dell'Isola
- Eine Rafting-Fahrt auf dem Fluss Lao
- Spaziergang durch die Altstadt von Cosenza
- Vom Kastell in Scilla den Sonnenuntergang bewundern
- In die canyonartige Raganello-Schlucht in Civita/Çifti hinuntersteigen
- In Roccella Ionica beim sommerlichen Jazz-Festival mitswingen
- Vor dem Bilderbuchkastell in Le Castella baden

Zur Orientierung

Kleine Felsbuchten, weite Sandstrände, palmengesäumte Uferpromenaden, smaragdgrünes und türkisfarbenes Wasser am Ionischen Meer und herrliche Sonnenuntergänge am Tyrrhenischen Meer: Kalabrien lockt mit seinen 800 km Küste. Doch das ist längst nicht alles. Schneebedeckte Gipfel noch im April, Almwiesen und Berghütten, dichte Buchen- und Kastanienwälder – immer mehr Wanderer, Rafting-Freunde und Naturgenießer entdecken die weniger bekannte Bergwelt Kalabriens. Und natürlich locken Kunst- und Kulturschätze – von der Antike bis zum Barock. Spazieren Sie durch die verwinkelten, netten Altstadtgassen von Cosenza, Tropea, Gerace oder Rossano, stürzen Sie sich in die Beachpartys in Copanello und Suverato, in Le Castella und am Capo Vaticano. Lassen Sie sich verwöhnen von der einheimischen Küche, von Fisch, von Lamm und Zicklein, von der scharfen Peperoni und vom schweren, feurigen Wein.

Touren in der Region

Im Nationalpark Sila

⎯⑫⎯ Cosenza › Camigliatello Silano › Lago Arva › Monte Botte Donato › San Giovanni in Fiore › Lago Ampollino › Copanello/Soverato

Länge: 6 Tage, 285 km
Praktische Hinweise: Für die stellenweise kurvenreiche Tour braucht man ein Auto. Unerlässlich für Wanderungen: festes Schuhwerk und Pullover, auch im Sommer. Eine nette Schmalspurbahn verkehrt von Cosenza nach Spezzano della Sila (Mo-Sa), ein alter Dampfzug von Camigliatello nach San Nicola-Silvana Mansio (www.ferroviedellacalabria. com, Tel. 09 84 39 95 11).

Tag 1: Die Tour beginnt in Kalabriens Universitätsstadt **Cosenza** › S. 119, die sich vom Tal des Crati und Busenzo über die pittoreske Altstadt hinauf bis zum mächtigen Kastell zieht. Der schöne gotische Dom, die prunkvollen Barockkapellen in San Domenico

Riesenbäume in der Sila

und San Francesco d'Assisi sowie die berühmte mittelalterliche Staurothek verleihen der Stadt ihre Anziehungskraft, nicht anders als das historische Café Renzelli und das Nachtleben der Altstadt. Tag 2: Von Cosenza aus folgt man dem Tal des Crati nach Norden und gelangt nach unzähligen Kurven über die hübsche Albanerstadt **San Demetrio Corone** und das nette **Acri** zum größten Sila-See, dem **Lago di Cecita.** Der Hauptort der Sila, **Camigliatello Silano** ❯ S. 123, lädt im Winter mit schneesicheren Pisten zum Skifahren ein, von Frühjahr bis Herbst zum Wandern, Bergsteigen und Radfahren. Nach zwei Wandertagen in Camigliatello geht es südostwärts zum **Lago Arva** zu Füßen des mit 1928 m höchsten, per Auto oder Seilbahn erreichbaren Sila-Berges **Monte Botte Donato.** Kurvenreich fährt man die Heimat des Zisterzienser-Abtes Joachim von Fiore, das Bergstädtchen **San Giovanni in Fiore** ❯ S. 124 an, in dem die alte Webtechnik der Sila noch heute zuhause ist. Am 5. Tag erreicht man über den einsamen **Lago Ampollino** und den Ferienort **Villaggio Mancuso** das kleine **Taverna,** dessen Kirchen von dem großen Barockmaler Mattia Preti gestaltet wurden. Über die Regionalhauptstadt **Catanzaro** fährt man hinunter ans Meer, lässt den **Lido di Catanzaro** hinter sich, um an den weiten Sandstränden von **Squillace** ❯ S. 128 bis **Copanello** und **Soverato** ins Meer zu tauchen.

Am Ionischen Meer

❯❯❯ ⑬ ❯❯❯ **Crotone** ❯ **Melissa** ❯ **Cirò Marina** ❯ **Santa Severina** ❯ **Capo Colonna** ❯ **Le Castella**

Länge: 1–2 Tage, 155 km
Praktische Hinweise: In der Sila sind die Strecken oft sehr kurvenreich und im Winter nicht immer ausreichend geräumt. An italienischen Feiertagen und rund um den 15. August machen auch viele Italiener Strandurlaub im eigenen Land.

Die Tour beginnt in der Provinzhauptstadt **Crotone** ❯ S. 125, wo das Museo Archeologico mit interessanten Exponaten lockt. Auf der viel befahrenen SS 106 geht es in das wichtigste Weinbaugebiet Kalabriens, nach **Melissa** und **Cirò Marina** ❯ S. 126 zur Verkostung. Wer Lust auf viele Kurven hat, sucht sich seinen Weg über **Strongoli** und **Rocca di Neto** in das wunderschöne Städtchen **San Severina** ❯ S. 125 mit barocker Kathedrale, byzantinischem Baptisterium und prächtigem Kastell. Am folgenden Tag führt die Strecke über Crotone zum südlichen **Capo Colonna** ❯ S. 127 mit der fotogenen letzten Säule eines Hera-Tempels. Schon hier beginnt die **Riserva Naturale Marina Capo Rizzuto** mit smaragdgrünem bis himmelblauem Wasser, ein wahres Paradies für Taucher, genau wie die langen Strände um die märchenhafte Wasserburg **Le Castella** ❯ S. 126 für Badende.

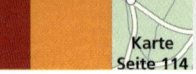

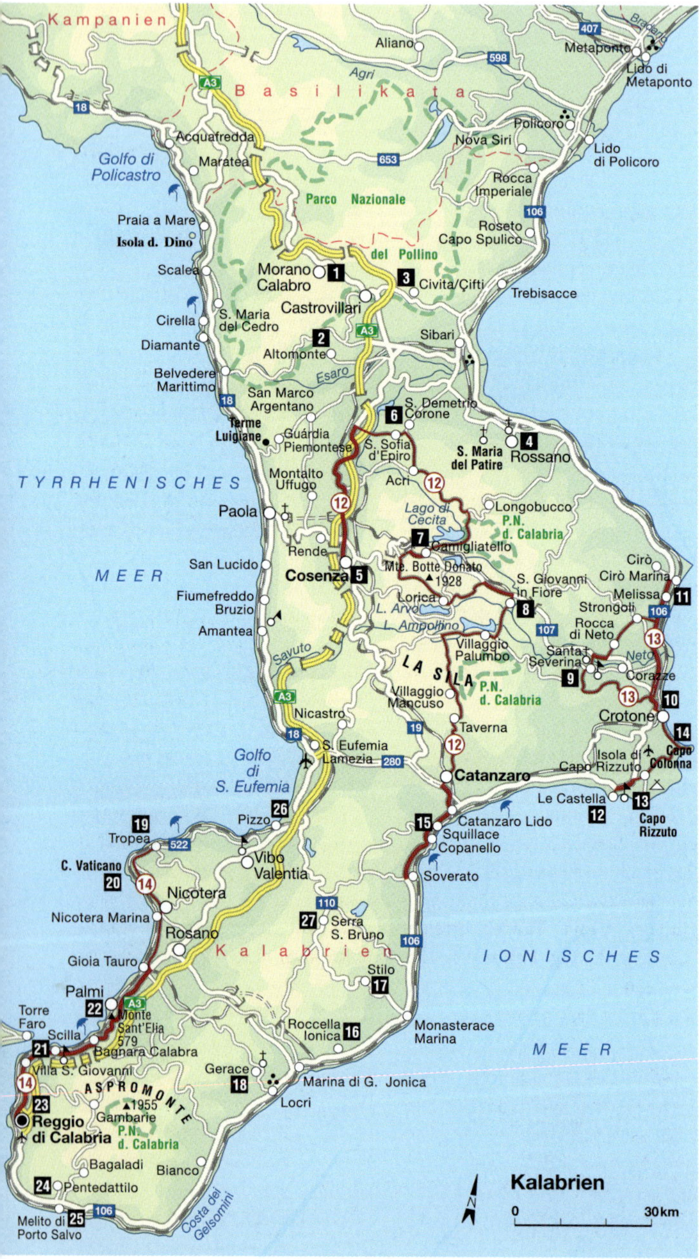
Kampanien
Basilikata
Golfo di Policastro
Parco Nazionale del Pollino
TYRRHENISCHES MEER
IONISCHES MEER
LA SILA
P.N. d. Calabria
Golfo di S. Eufemia
Kalabrien
ASPROMONTE
Aliano
Metaponto
Lido di Metaponto
Policoro
Lido di Policoro
Nova Siri
Rocca Imperiale
Roseto Capo Spulico
Trebisacce
Acquafredda
Maratea
Praia a Mare
Isola d. Dino
Scalea
Morano Calabro
Castrovillari
Civita/Çifti
S. Maria del Cedro
Cirella
Diamante
Altomonte
Sibari
Belvedere Marittimo
San Marco Argentano
S. Demetrio Corone
Terme Luigiane
Guárdia Piemontese
S. Sofia d'Epiro
S. Maria del Patire
Rossano
Acri
Montalto Uffugo
Paola
Longobucco
Lago di Cecita
Camigliatello
Rende
San Lucido
Cosenza
Mte. Botte Donato
1928
S. Giovanni in Fiore
Cirò
Cirò Marina
Melissa
Strongoli
Fiumefreddo Bruzio
Lorica
L. Arvo
L. Ampollino
Amantea
Villaggio Palumbo
Rocca di Neto
Santa Severina
Corazze
Villaggio Mancuso
Crotone
Nicastro
Taverna
S. Eufemia Lamezia
Isola di Capo Rizzuto
Capo Colonna
Catanzaro
Le Castella
Capo Rizzuto
Pizzo
Catanzaro Lido
Squillace
Copanello
Tropea
C. Vaticano
Vibo Valentia
Soverato
Nicotera
Nicotera Marina
Serra S. Bruno
Rosano
Gioia Tauro
Stilo
Palmi
Torre Faro
Scilla
Monte Sant'Elia
579
Roccella Ionica
Monasterace Marina
Bagnara Calabra
Villa S. Giovanni
Gerace
Marina di G. Jonica
Locri
1955
Gambarie
Reggio di Calabria
Bagaladi
Bianco
Pentedattilo
Melito di Porto Salvo
Costa dei Gelsomini
Agri
Esaro
Savuto
Neto
Bradano
Kalabrien
0
30 km
N

Küstenträume:
Von Tropea nach Süden

⑭ Tropea › Capo Vaticano › Palmi › Bagnara Calabra › Scilla › Reggio di Calabria

Länge: 3–5 Tage, 120 km
Praktische Hinweise: Parallel zur Küstenstraße verläuft die Autobahn, auf der man aber aufgrund der vielen Baustellen auch nicht viel schneller vorankommt. Die besten Badeplätze sind um Tropea und Capo Vaticano sowie an der Costa Viola westlich von Scilla.

Tag 1: Die bis spät nachts belebte Altstadt, der Traumstrand und das Inselchen mit der fotogenen Kirche Santa Maria dell'Isola machen *Tropea › S. 130, die Hochburg des Kalabrientourismus, zum schönsten Urlaubsort am Meer. Tag 2: Weite Sandstrände und kleine, felsige Badebuchten prägen das Bild um die Ferienregion **Capo Vaticano › S. 132**, die ebenfalls zu einer Übernachtung einlädt. Über das nette **Nicotera**, das eher unschöne **Rosarno** und den größten Containerhafen des Südens, **Gioia Tauro,** erreicht man am 3. Tag **Palmi › S. 133**. Am Lido liegen die bunten Fischerboote fast schon unter den Olivenbäumen, und in den Musei Civici wird Kalabriens magische Vergangenheit lebendig. Am folgenden Tag lohnt bei klarem Wetter der Abstecher hinter Palmi hinauf auf den **Monte Sant'Elia:** Die Aussicht reicht die ganze Küste hinunter bis weit nach Sizilien. Der lange Strand im Badeort **Bagnara Calabra** weicht dem steilen Felsen mit dem hübsche Kastell in *Scilla › S. 132. Wer will, legt einen Badetag ein. Tag 5: Über **Villa San Giovanni** erreicht man **Reggio di Calabria › S. 134**. Ein Spaziergang am Lungomare mit Blick auf Sizilien ist ein Muss, genauso wie die Besichtigung der Bronzi di Riace im **Museo Archeologico.

Verkehrsmittel

Mit der Küsteneisenbahn kann man Kalabrien ganz langsam einmal umrunden (www.ferroviedel lostato.it). Wer in die Berge oder an einsame Strände möchte, braucht ein Auto. Die *Autostrada* ist wegen ihrer vielen Baustellen berühmt berüchtigt! Zu den Regionalbus-Linien zählen Federico (www.autolineefederico.it, »orari« anklicken) und Romano (www. autolineeromano.com, »Orario delle Linee Regionali« anklicken).

Unterwegs in Kalabrien

Morano Calabro **1**

Schon bei der Anfahrt wirkt Murano, als ob ein Künstler die Häuser für ein Krippenspiel am Hügel drapiert hätte. Von den Ruinen der Normannenburg, die das Ensemble krönt, genießt man einen grandiosen *Ausblick. Treppauf und treppab öffnen sich enge, steile Gassen und Gässchen in der spätmittelalterlich geprägten Altstadt. Aus dieser Zeit stammt auch die Hauptkirche **San Bernardino** am Ortseingang mit einem herrlichen geschnitzten Chorgestühl. Am Hauptplatz erhebt sich die charakteristische, Majolikageschmückte Kuppel der **Collegiata della Maddalena.** Der Blick auf die in Kalabrien einzigartige Holzdecke sowie den Renaissance-Flügelaltar von Bartolomeo Vivarini (in der Sakristei) lohnt. Im **Il Nibbio, dem Museo naturalistico,** erfreuen sich Kinder an den ausgestellten Vögeln und Säugetieren, Fossilien und Mineralien des Pollino (Juli–Aug. tgl. 10–13, 16–20, Sept.–Juni Di–So 10–13, 15–18 Uhr, Vico II Annunziata 11).

Info

■ **Comune**
Piazza Giovanni XXIII
87016 Murano Calabro
Tel. 0 98 13 10 21

■ **Besucherzentrum des Pollino-Parks**
Viale Gaetano Scorza
(bei der Kirche San Bernardino)
www.parcopollino.it

Hotel

Villa San Domenico
Via Sotto gli Olimi
Tel. 09 81 39 98 81
www.albergovillasandomenico.it
Elegantes Hotel in einem Palazzo des 18. Jhs. Stilgerechte Möbel, sehr romantisch, mit Garten und kalabresischem Restaurant. ●●●

Restaurants

■ **La Cantina**
Piazza Croce 21][Tel. 0 98 13 10 34
In der Altstadt, traditionelle Küche wie *rascateddri* (Makkaroni-Art) mit einem Ragù aus Würsten. Mo geschl. ●

■ **Alia**
Via Jetticelle 55
87012 Castrovillari
Tel. 0 98 14 63 70][www.alia.it
Nur 11 km von Morano liegt die beste Locanda Kalabriens, raffinierte Küche und tolle Weinkarte; auch luxuriöse Hotelzimmer. So Ruhetag. ●●●

Altomonte **2**

Flankiert von Pfirsich- und Olivenbäumen erfolgt die Anfahrt nach Altomonte, das hoch über dem Tal des Crati wacht. Hier ließ der Feudalherr Filippo Sangineto die interessanteste Kirche aus der Anjouzeit in Kalabrien errichten:

*Santa Maria della Consolazione (14. Jh.). Im einschiffigen Innenraum fällt die tiefe, helle Apsis auf. Ein Nachfolger des Toskaners Tino da Camaino schuf das großartige ****Grabmal** des Kirchengründers. Hinter der Kirche eröffnet sich ein traumhafter Blick hinunter auf die Ebene von Sibari bis ans Meer. Vom kleinen Kreuzgang aus betritt man das sehenswerte ***Museo Civico.** Der *****hl. Ladislaus, geschaffen von dem großen Sieneser Maler der Gotik, Simone Martini, ist zwar klein, aber fein. (tgl. 9–13, 15–20 Uhr). Bevor man durch die engen Gässchen der Altstadt bummelt und das herrliche ***Panorama** vom **Normannenturm** (geöffnet wie Museo Civico) aus genießt, kann man sich links von der Kirche in der Bottega di Casa Barbieri mit kalabresischen Spezialitäten und gegenüber mit einheimischen Weinen eindecken. Besonders während des Festivals di Altomonte (Mai–Sept.) mit Opern, Theater, Tanz, Rock und Jazz lebt das Städtchen Altomonte auf.

Santa Maria della Consolazione, gotischer Blickfang in Altomonte

Hotel/Restaurant

Barbieri
Via Italo Barbieri 30
87042 Altomonte
Tel. 09 81 94 80 72
www.barbierigroup.it
Sehr angenehmer Familienbetrieb in einem alten Palast mit schönen Zimmern, Garten und Swimmingpool. Ob Antipasti oder hausgemachten Nudeln – die Qualität der Gerichte hat dem Restaurant vielfach hohes Lob eingebracht! ●●–●●●

Civita/Çifti 3

1471 wurde das kleine Albanerdorf (1100 Einw.) unterhalb des 1652 m hohen Timpa di San Lorenzo gegründet, und es entwickelte sich in den letzten Jahren zu einem beliebten Ausflugsziel auch bei den Kalabresen selbst. Nette Bars, kleine Läden, Spezialitätenrestaurants und die freundliche Bevölkerung laden ein, die Kultur der kalbresischen Albaner **›** S. 25 kennenzulernen. Wandern und Bergsteigen kann man von hier aus sowohl auf den Pollino hinauf als auch in der direkten Umgebung. Einzigartig ist der Besuch der berühmten ***Raganello-Schlucht** mit ihrer ***Teufelsbrücke**, zu der man in 30 Min. hinuntersteigt. Nehmen Sie einen

Echt gut!

Bergführer mit, wenn Sie die **Via del Peperoncino,** einen seit der Antike benutzten Pfad an der steilen, Hunderte Meter abfallenden Felswand, hinauf zum aussichtsreichen Monte Demonio weitergehen möchten. Einen interessanten Einblick in die Kultur der Arbëresh (Albaner in der Diaspora) gibt das **Museo Etnico Albanese** an der Piazza Municipio (Mo–Fr 9–13, 16–20 Uhr).

Hotels

■ **B&B Il Belvedere**
Corso Cavallotti 27
Tel. 0 98 17 32 32
www.bebparcodelpollino.it
Vier traditionelle, sehr elegante Zimmer in einem alten Palazzo. ●

■ **Gran Canyon**
Ortsteil Laxa (1 km oberhalb Civitas)
Tel. 0 98 17 30 89
www.albergostellopollino.com
In Traumposition direkt über der Raganello-Schlucht, halb Hotel, halb Jugendherberge, gute Regionalküche. ●

Restaurant

Kamastra
Piazza Municipio 3–6
Tel. 0 98 17 33 87
Authentische arbëreshe Küche, einfach und gut. Probieren Sie die interessante Suppe *drömsat.* ●●

*Rossano 4

Die Stadt (36 400 Einw.) erlebte ihre Blütezeit im 8.–11. Jh. unter den Byzantinern. Das Herz der Altstadt bildet die **Piazza Santi Anargiri** mit dem Rathaus. In der **Kathedrale** aus der Anjouzeit.

wird die *Madonna Achiropita verehrt, eine byzantinische Ikone aus dem 8. Jh. Prunkstück des benachbarten **Museo Diocesano di Arte Sacra** ist der spätantike *Codex Purpureus Rossanensis. Er enthält Texte aus zwei Evangelien in griechischer Sprache mit feinen *Miniaturen (Juli/Aug. tgl. 9.30–13, 16.30–20, sonst Di–So 9.30–12.30, 16–19 Uhr). Die kleine Kirche *San Marco mit ihren fünf Kuppeln und drei Apsiden am südöstlichen Ortsrand und die **Panaghia** in den Gässchen hinter der Kathedrale erinnern ebenfalls an die große byzantinische Zeit. Unten am Meer, am Lido Sant'Angelo, spielt sich das Strand- und Nachtleben ab.

Einer der bedeutendsten Sakralbauten aus der normannischen Epoche Kalabriens ist die 15 km westl. von Rossano gelegene Kirche **Santa Maria del Patire** (tgl. tagsüber). Von dem 1101 gegründeten Kloster blieb nur die dreischiffige Kirche mit drei außen farbig gegliederten Apsiden erhalten. Der mehrfach umgestaltete Innenraum besitzt noch einen *Mosaikfußboden mit schönen Tiermotiven aus dem 12. Jh.

Ausgeschilderte Wanderwege laden zum Spaziergang durch Steineichenwälder ein.

Hotel

Il Giardino di Iti
Ortsteil Amica (4,5 km südl. von Rossano Stazione, von der SS 106 Richtung Paludi)
Tel. 0 98 36 45 08
www.giardinoiti.it

Das Hotel in einem alten Landhaus verwöhnt seine Gäste mit geschmackvoll eingerichteten Zimmern und ein exzellentem Restaurant, das Bioprodukte verarbeitet. ●—●●

Restaurant

Stella dello Jonio
Contrada Momena
Tel. 09 83 51 69 83
www.stelladellojonio.it
Auf der Terrasse des Hotelrestaurants vor dem Ionischen Meer munden die exzellenten Fischgerichte noch besser. Auch Apartments. ●●

Shopping

Amarelli
Contrada Amarelli (an der SS 106)
Tel. 09 83 51 12 19
www.amarelli.it
www.museodellaliquirizia.it
Rossano ist bekannt für seine Lakritzherstellung. In dem Geschäft (mit nettem Museum; Anmeldung notwendig) der bekanntesten Firma Amarelli sieht man erst einmal, wie viele Lakritzsorten existieren.

Cosenza 5

Am Zusammenfluss von Crati und Busento, umgeben von bewaldeten Bergzügen, liegt Kalabriens heimliche Hauptstadt. Cosenza (69 700 Einw.), das längst mit Rende (35 000 Einw.) zusammengewachsen ist, hat sich in den letzten Jahren zu einer attraktiven Universitätsstadt mit rund 35 000 Studenten gemausert. Die Stadt besteht aus dem historischen Zentrum auf dem Pancrazio-Hügel und dem modernen Teil im brei-

ten Flusstal des Crati. Prächtige Barockbauten, ein mächtiges Kastell und zahlreiche angenehme Kneipen laden zu einem längeren Aufenthalt in Cosenza ein.

*San Domenico A

An der Schnittstelle zwischen Alt- und Neustadt liegt der vielleicht interessanteste Klosterkomplex der Stadt. Die Gebäude des 1448 von der Familie Sanseverino gestifteten Konvents befinden sich heute in militärischem Besitz. Meist gewährt der Wachhabende den Besuchern einen Blick in den Kreuzgang; die **Kirche San Domenico** selbst ist frei zugänglich. Ihre grüne Kupferkuppel bildet eines der Wahrzeichen Cosenzas.

In der Altstadt von Cosenza

Am Corso Plebiscito locken
Korbläden mit Souvenirs

Die Fassade ziert eine spätgotische Rosette aus der Mitte des 15. Jhs. – ein Beispiel für die Verspätung, mit der die künstlerische Entwicklung Kalabrien erreichte. Prunkstück der Kirche ist die herrliche Barockkapelle **Oratorio del Rosario.** Der Blick schweift zur prachtvollen vergoldeten *Holzdecke des 17. Jhs.

Elegante Geschäfte säumen den **Corso Mazzini**, die Haupteinkaufsstraße in der Neustadt. Beim Bummel bewundert man sicherlich auch die Statuen und Plastiken von Künstlern wie De Chirico, Dalí und Manzù, die in der Fußgängerzone ein einzigartiges *Museo all'aperto bilden (www.mapcosenza.it).

San Francesco di Paola ⑬ und Santissimo Salvatore ⓒ

Gleich östlich von San Domenico fließen Crati und Busento unterhalb des Altstadthügels zusammen. Am gegenüberliegenden Ufer des Crati zeichnet sich die Silhouette der Renaissancekirche **San Francesco di Paola** ab. Der 1510 – nur drei Jahre nach dem Tod des Heiligen – errichtete Bau beherbergt ein fein geschnitztes *Chorgestühl. Der *Kreuzgang stammt aus der Erbauungszeit.

Direkt neben San Francesco di Paola kann man einer Messe nach griechischem Ritus beiwohnen, denn in **Santissimo Salvatore** trifft sich die albanische Gemeinde Cosenzas. Die Läden am **Corso Plebiscito** gehören traditionell den Flechtwarenhändlern, die bis heute hier ihre Ware verkaufen.

Von der gegenüberliegenden Brüstung am Crati genießt man den **Blick auf die pittoreske Altstadt.** Diese prägte trotz des imposanten Doms im Wesentlichen nicht das Mittelalter, sondern der Barock. Der katalanische Baustil der Hauptstadt Neapel findet sich an Portalen, Fenstern, den Eisengittern der Balkone und in majestätischen Treppenhäusern wieder.

Palazzo Arnone ⓓ

Die 2003 eröffnete Pinakothek im vollständig restaurierten Palazzo (16. Jh.) zeigt vor allem Gemälde der Barockzeit. Ausdruckskraft und Wirklichkeitsnähe kennzeichnen die Werke des bedeutendsten kalabresischen Malers

Mattia Preti. Zwei einzigartige mittelalterliche Kunstwerke sind die ***Madonna del Pilerio,** eine Ikone der Stadtheiligen von Cosenza (13. Jh.), sowie die berühmte ****Staurothek,** ein vergoldetes Reliquienkreuz, das mit farbigen Emailmedaillons und wertvollen Edelsteinen versehen ist. Die Kostbarkeit war ein Geschenk Friedrichs II. an das Erzbistum anlässlich der Domweihe im Jahre 1222 (Di–So 10–18 Uhr; Eintritt frei).

Die ****Altstadt**

Am ***Corso Telesio** eröffnen in letzter Zeit neue alternativ angehauchte Geschäfte, die alten Handwerker finden wieder Zulauf, und am Abend zählt der Corso zu den In-Adressen der Stadt.

***Dom** Ⓔ

Mitten in diesem populären Viertel erhebt sich der etwas gedrungen wirkende Dom aus dem 12. Jh. Bereits in der symmetrisch angelegten Fassade mit ihren drei gotischen Portalen und den drei Rosetten spiegelt sich die Strenge und Schlichtheit der für den Zisterzienserorden typischen Architektur wider. Den überraschend hohen dreischiffigen ***Innen-**

Cosenza

0   300m

Ⓐ San Domenico
Ⓑ San Francesco di Paola
Ⓒ Santissimo Salvatore
Ⓓ Palazzo Arnone
Ⓔ Dom
Ⓕ Piazza XV Marzo
Ⓖ San Francesco d'Assisi
Ⓗ Castello

raum gliedern Pfeiler mit niedrigen, fantasievoll gearbeiteten *Kapitellen. Der plötzliche Tod Isabellas von Aragon, der Gemahlin des französischen Königs Philipp III., 1271 in Cosenza bescherte der Stadt ein gotisches Kleinod: Das *Grabdenkmal, in dem der französische Künstler die betenden Eheleute kniend neben der Madonna abbildet, ist eines der schönsten seiner Art in ganz Kalabrien.

Echt gut! Hinter dem Dom bietet das älteste Café der Stadt, das stilvolle Renzelli, Gelegenheit zu einer Pause mit Espresso und kleinen Kaloriensünden. Nur wenig weiter, dann links hinunter, lädt das In-Lokal James Joyce zu irischem

Bier, super Cocktails, Pizzas und Musik bis zum frühen Morgen ein. Der Corso Telesio endet auf der imposanten **Piazza XV Marzo** F mit dem Bronzedenkmal für den von Hegel bewunderten Naturphilosophen Bernardino Telesio (1509–1588), dem 1909 eingeweihten **Teatro Rendano,** dem größten Theater Kalabriens, und dem netten Stadtpark, in dem man sich ein wenig erholen kann.

*San Francesco d'Assisi G und Castello H

Bereits 1217, zu Lebzeiten des Franziskus, gründete einer seiner Schüler hier ein Kloster. Hinter der Fassade des 19. Jhs. verbirgt sich ein prächtiger *Barockinnenraum. Die einstige romanisch-gotische Kirche von 1217 bildet heute das Querschiff. Im rechten Seitenschiff öffnet sich mit der barocken **Cappella di Santa Caterina** ein wahrer Augenschmaus: Vergoldete Holzschnitzereien überziehen Decke, Chorgestühl, Kanzel, Empore und Orgel. Die Gemälde mit Szenen aus dem Leben der hl. Katharina stammen von dem flämischen Maler Willem Borremans. Links hinter der Kirche liegt der Zugang zum Kreuzgang.

Der Aufstieg zum gewaltigen jahrhundertealten **Kastell** auf dem Hügel Pancrazio lohnt sich auf jeden Fall. Von hier aus kann man das weite Panorama mit der Stadtsilhouette vor den grünen **Echt g** Hängen des Sila-Gebirges genießen (tgl. 8–13, 14–20 Uhr; Eintritt frei).

Stimmungsvoller Kreuzgang von San Francesco d'Assisi

Ufficio Turistico
Piazzetta Toscano (hinter dem Dom)
87100 Cosenza][**Tel. 09 84 81 33 36**
www.aptcosenza.it
Mo–Fr 9–12, Mo, Do auch
15.30–18 Uhr

■ Royal Executive
Via Marconi 59][**87036 Rende**
Tel. 09 84 40 10 10][**Tel. 800 62 09 92**
www.hotelexecutivecs.it
Modernes Hotel der Extraklasse, inklusive dem Nobelrestaurant »Nabucco«;
am Stadtrand, Nähe Autobahn. ●●●

■ Grisaro
Viale Trieste 38
Tel./Fax 0 98 42 78 38
www.paginegialle.it/htlgrisaro
Netter Familienbetrieb in der Neustadt,
ganz in der Nähe des Sila-Bahnhofs. ●

■ L'Arco Vecchio
Piazza Archi di Ciaccio 21
(in der Altstadt)][**Tel. 0 98 47 25 64**
Hervorragende kalabresische Küche
mit variantenreichen Antipasti.
Mo geschl. ●●

■ Hostaria De Mendoza
Piazza degli Eroi 3][**Rende**
Tel. 09 84 44 40 22
In der hübschen Altstadt von Rende
am Hügel oben, in einem Palazzo des
16. Jhs., ausgezeichnete kalabresische
Küche mit interessanten Neuerungen.
Mi geschl. ●●

■ Il Salumaio
Corso Mazzini 132
Kalabrische Wurst- und Käsespezialitäten sowie Delikatessen.

■ Specialità Calabresi
Corso Mazzini 92
Gefüllte, mit Schokolade überzogene
Feigen und *crocette di fichi* (im Ofen
gebackene, gefüllte Feigen).

■ James Joyce
Via Cafarone 19. > S. 122
■ Chini C'è C'è
Corso Telesio 173/175
Tel. 34 88 05 74 42
Disco, v.a. studentisches Publikum.

Ausflug nach San Demetrio Corone 6

Für die recht mühselige Anfahrt
ins Zentrum der albanischen Bevölkerungsgruppe in der Sila Greca, einer noch einsamen Weidelandschaft, belohnt eine der
eindrucksvollsten frühnormannischen Kirchen Kalabriens:
*Sant'Adriano birgt byzantinische Fresken und erlesene Fußbodenmosaike. Besonders schön
sind die gewundenen Schlangen.

Camigliatello Silano 7

Auf einer bewaldeten Hochebene
liegt der Hauptort der Sila, die
moderne Feriensiedlung Camigliatello, die sowohl im Sommer von
Wanderern als auch im Winter
von Skifahrern besucht wird. Einkaufs- und Bummelmeile ist die
zentrale **Via Roma.** Brigantenfiguren, Holzarbeiten, traditionell

handgewebte feine Stoffe aus dem nahen Silaort Longobuco, gestickte Tischwäsche, getrocknete Pilze und in Öl eingelegte Delikatessen zählen zu den charakteristischen Mitbringseln. Im nahen Camigliati liegt der **Parco Old Calabria,** ein an dem englischen Reise-Schriftsteller Norman Douglas inspiriertes kulturelles Zentrum, das auch über die Sila informiert.

Echt gut! Die Giganti della Sila, riesige, 40 m hohe, bis 350 Jahre alte Schwarzkiefern bestaunt man 3,5 km östlich von Camigliatello im **Bosco di Fallistro** (Abzweigung an der SS 107). Gut ausgeschilderte Wanderwege finden Sie in einem der größten und ausgedehntesten Waldgebiete der Sila, im wunderschönen **Bosco La Fossiata**. Viele Bäume sind hier schon 400 Jahre alt (12,5 km von Camigliatello an der SS 177 Richtung Nordosten).

Info

■ Pro Loco
Via Roma 5][Casa del Forestiero
87052 Camigliatello Silano
Tel. 09 84 57 81 59
■ Parco Old Calabria
Ortsteil Camigliati (2 km östl. von Camigliatello)][Tel. 09 84 57 82 00
www.oldcalabria.org

Hotels

■ Edelweiss
Viale Stazione 15
Tel. 09 84 57 80 44
www.hotelaquilaedelweiss.com
Elegantes Hotel mit Top-Restaurant; auch Verkauf von schönen Sila-Produkten z.B. Stoffen. ●●

■ Torre Camigliati
Ortsteil Camigliati (2 km östl. von Camigliatello)][Tel. 09 84 57 82 00
www.torrecamigliati.it
Ruhe und Grün des Parco Old Calabria umgeben den historischen Bau mit recht feudalen Zimmern. Man schläft in alten Eisenbetten im 2. Stock oder im alten Gutsarbeiterhaus (Selbstversorgerpartments). ●–●●

Shopping

Antico Salumificio Barrese
Via Virgilio, Ortsteil Moccone
Tel. 09 84 57 81 01
Traditionsgeschäft von 1929 für beste kalabresische Würste, aber auch Sila-Pilze, Käse und lokale Weine.

*San Giovanni in Fiore 🔳

Der Zisterziensermönch Joachim von Fiore machte die auf 1049 m Höhe liegende größte Silastadt (18 600 Einw.) bekannt. Mit seiner Lehre vom Ende der Zeiten beeinflusste der Theologe die mittelalterlichen Menschen nachhaltig. 1189 gründete er hier das berühmte **Monasterium Florense,** das unterhalb der modern geprägten Stadt steht und heute das interessante Volkskundemuseum **Museo demologico** (Mo–Sa 8.30 bis 18.30, Mitte Juni–Mitte Sept. auch So 9.30–12.30 und 15.30 bis 18.30 Uhr) beherbergt. Die **Kirche** des Klosters präsentiert sich weitgehend barockisiert, nicht anders als die reich ausgestattete **Pfarrkirche Santa Maria delle Grazie** an der langen, gewundenen Hauptader Via Roma oben in der Stadt.

Hotel

New Dino's Hotel
Viale della Repubblica 248
87055 San Giovanni in Fiore
Tel. 09 84 99 20 90
www.dinoshotel.it
Komplett erneuertes Haus, geschmackvoll eingerichtete Zimmer, auch Suiten. Restaurant mit guter lokaler und internationaler Küche. ●●

Restaurant

Ristoro del Brigante
Via Monastero 5
Tel. 32 00 54 28 87
Gleich beim Kloster. Silaküche und Pizza. Mo geschl. ●

Shopping

Tessitura Mimmo Caruso
Via Gramsci 195
www.scuolatappeti.it
Die Weberei Tessitura Mimmo Caruso stellt noch die traditionellen Decken *a pizzulune* mit Reliefdekor her.

*Santa Severina 🔟

Ein Abstecher vom Ionischen Meer ins Hinterland führt hinauf in die wilde Landschaft um Santa Severina. In dem ruhigen Städtchen gruppieren sich alle Sehenswürdigkeiten rund um den Hauptplatz oder gleich nebenan: die kleine byzantinische Kirche *Santa Filomena, die barocke Kathedrale mit dem byzantinischen *Baptisterium und das

mächtige, prachtvolle **Kastell** (tgl. 9.30–12.30, 15/15.30–18/20 Uhr, Okt.–März Mo geschl.). Der Wein des Neto-Tals, das man von Santa Severina aus prächtig überblickt, zählt zu den besten Kalabriens.

Hotel

Agriturismo Il Querceto
Ortsteil Cerzeto (4 km von Santa Severina][88832 Santa Severina
Tel. 0 96 25 14 67
www.agriturismoilquerceto.kr.it
300 m über dem Meer liegt diese Bio-Azienda inmitten der Macchia mediterranea, Zimmer und Apartments, Pool, Bikes. ●●

Restaurant

Locanda del Re
Discesa Paolo Orsi 6
(neben dem Castello)
Tel. 0 96 25 16 62
Ausgewählte Spezialitäten aus lokalen Produkten, zubereitet vom Chef Ciccio höchstpersönlich. ●–●●

Crotone 🔟

Die 710 v. Chr. gegründete Kolonie Kroton war eine der reichsten und mächtigsten griechischen Stadtstaaten. Heute ist Crotone (60 600 Einw.) die wichtigste Industriestadt Kalabriens und der einzige bedeutende Hafen der Region am Ionischen Meer. Die interessanteste Sehenswürdigkeit der Stadt ist das *Museo Archeologico (Via Risorgimento 63; Di–So 9–13 Uhr). Das mächtige **Kastell** errichteten die Spanier im 16. Jh. zur Sicherung der Küste gegen die Türken.

An der Piazza Castello entstand im Palazzo Baracco das **Mack (Museo di Arte Contemporanea Krotone),** das eine Sammlung von Werken zeitgenössischer Künstler zeigt (Mo–Sa 9.30–13, Di, So auch 16–18 Uhr). Das anmutige Stadtzentrum mit dem **Dom** aus dem 16. Jh. lädt dank seiner elegantenEinkaufsstraßen zum Flanieren ein.

Ausflug nach Cirò Marina ⑪

Wer Lust auf ein Glas Wein verspürt, ist in Cirò Marina genau richtig. Der Ort wurde 2008 als einer von nur dreien in Kalabrien mit der blauen Flagge ausgezeichnet. Am 3 km langen Lungomare genießt man den Sommer in Strandbädern, Bars und kleinen Lokalen, die Kinder in den Karussells und Buden. Den guten Wein gibt es in der Spitzenkellerei **Librandi** (SS 106, Tel. 0 96 23 15 18, www.librandi.it), neben dem klassischen roten *Cirò DOC* gelungene Experimente mit der Chardonnay-Rebe, etwa den eleganten weißen *Critone*. Eine exzellente Cantina mit hervorragendem *Cirò Bianco* und *Rose* ist auch die seit dem 19. Jh. bestehende Cooperative **Caparra & Siciliani** (SS 106, www.caparraesiciliani.it). Weitere Kellereien gibt es in Cirò Marina.

*Le Castella ⑫

Zu den meistfotografierten Motiven in Kalabrien zählt die malerische Burganlage von Le Castella, die direkt am türkis schimmernden Meer liegt (tgl. 9–13, 15–20, im Sommer 9–24 Uhr). Auf dem 13 000 m² großen Inselchen ließen die Aragonesen im 15. Jh. das Castello zur Abwehr der Piraten aus dem Orient errichten.

An dem schönen Sandstrand nordwestlich des Eilandes badet man mit traumhaftem Blick auf die Burg.

Restaurant

Scogliera
Via Scogliera][**Le Castella**
Tel. 09 62 79 50 71
Auf den Felsen, direkt am Meer bei der
Burg Le Castella, gute Fischküche,
Biogemüse aus eigenem Anbau. ●●

Capo Rizzuto ▯13 und Capo Colonna ▯14

Viele der kleinen schönen Badebuchten zwischen Le Castella und
Capo Colonna in der **Riserva
Marina di Capo Rizzuto** erreicht
man nur mit eigenem Auto oder
per Boot. Das wunderbar saubere,
smaragdfarbene Wasser des Mee-
resschutzgebietes zieht Schnorch-
ler wie Taucher gleichermaßen
an. Zum Meerespark gehören
auch noch das **Capo Rizzuto** mit
seinem Leuchtturm an der äu-
ßersten Spitze und das ***Capo
Colonna.** Dort wacht eine fotogene dorische Säule, einziger
Rest des griechischen Hera-Hei-
ligtums.

Nicht versäumen sollte man
den **Parco Archeologico,** zu dem
ein nettes Museum gehört (Parco
tgl. 9 Uhr bis 1 Std. vor Sonnenuntergang; Museo Di–So 9–13,
15.30–19 Uhr, im Sommer länger;
beide Eintritt frei). Für Kinder in-
teressanter ist das **Aquarium** am
Capo Rizzuto ❯ S. 18 mit seinen
einladenden Sandstränden gleich
daneben. Alle Orte am Meer (Le
Castella, Capo Rizzuto u.a.) sind
Teil der Gemeinde **Isola di Capo
Rizzuto** im Landesinneren.

Die Burg von Le Castella

Info

Riserva Marina di Capo Rizzuto
Piazza Ucciali][**Le Castella**
Tel. 09 62 79 55 11
www.riservamarinacaporizzuto.it
Organisiert Bootsausflüge ins Meeres-
schutzgebiet, Vogelbeobachtung.

Hotels

■ **Club Le Castella**
Isola di Capo Rizzuto
Tel. 09 62 79 50 54
www.igrandiviaggi.it
Große Apartment-Anlage in Panorama-
lage, gut ausgestattete Zimmer,
Restaurant, Disco, Privatstrand, breites
Sportangebot. ●—●●●
■ **Villaggio Turistico Santa Monica**
5 km von Le Castella
(SS 106, km 221)
88842 San Leonardo di Cutro
Tel. 09 62 77 61 05
www.santamonica.it
Apartment-Anlage, auch Hotelzimmer
direkt am Meer, Pool, Garten, wunder-
schöner weißer Sandstrand, Tauch-,
Segelkurse, Mountainbike u.a. ●—●●

Aktivitäten

Ostro
Via Duomo (beim Castello)
Le Castella][**Tel. 09 62 79 56 32**
www.ostro.it
Organisiert Glasbootfahrten im Meeresschutzgebiet, Mini-Kreuzfahrten entlang der Küste, zudem Tauch- und Segelkurse.

Squillace 15

Dominant über dem noch mittelalterlich geprägten netten Städtchen (3300 Einw.) erhebt sich das normannische **Kastell**. Von hier oben genießt man einen herrlichen *Blick auf den **Golfo di Squillace** und in die Sila. Wer durch die Gassen streift, schaut vielleicht in einen Keramikladen, denn die Töpferkunst hat hier

eine lange Tradition. Unten am Meer herrscht im Sommer Hochbetrieb, v.a. am feinen Sandstrand von Copanello. Besonders schön ist der graue *Sandstrand von Stalettì. Viele kleine Strände und Granitbecken laden zum Sonnen und Baden ein, ebenso wie der besonders gern von Windsurfern genutzte Sandstrand von **Soverato Marina**.

Die bedeutendsten Musikfestivals

■ Das wichtigste **Jazzfestival** Süditaliens mit internationalen Stars findet in Roccella Ionica statt. ❯ S. 129
■ Opern und Konzerte stehen beim **Festival di Altomonte** im Mittelpunkt. ❯ S. 117
■ Die *pizzica salentina*, die populärste Musik des Salento, spielt die Hauptrolle bei der **Notte della Taranta**. ❯ S. 33
■ Das **Festival internazionale della Valle d'Itria** in Martina Franca zieht Opernfans und Liebhaber klassischer Musik aus vielen Ländern an. ❯ S. 72
■ Bei der **Stagione Concertistica Internazionale d'Organo** erklingen in Lecce die Kirchenorgeln. ❯ S. 94

Hotel

Il Gabbiano
Via Lido 8][**Copanello Lido**
Tel. 09 61 91 13 43
www.hotelilgabbiano.it
Sehr angenehmes Haus direkt am schönen Sandstrand von Copanello. Man spricht Deutsch. Angeschlossen ist ein gutes Fischrestaurant. ●●

Restaurants

■ **Lido di Squillace**
Via Telemaco][**Lido di Squillace**
Tel. 09 61 91 58 19
Direkt am Meer, herrliche Aussicht auf den Golfo, Mittelmeerküche. ●●
■ **Cabaña**
Via del Mare][**Caminia**
(7 km westl. von Squillace Lido)
Tel. 09 61 91 10 93
Wunderschönes Lokal mit Aussichtsterrassen, am Strand, zahlreiche Fischgerichte. Im Winter Mo–Do geschl. ●●

Shopping

Azienda Santa Maria Vetere
Piazza Elvira Marincola Cattaneo
Stalettì][**Tel. 09 61 91 15 30**
Die Azienda gehört zum sehenswerten Naturkundemuseum (tgl. 16–19, Juli/Aug. bis 23 Uhr) von Libero Gatti. Verkauf von Bio-Öl, Kaktusfeigenlikör u.a.

Roccella Ionica 16

Der Küstenort überrascht mit seinen pittoresken Burgruinen, einem *Bandiera-Blu*-Strand und **dem bedeutendsten Jazzfestival Süditaliens** (2. Aug.-Hälfte, www.roccellajazz.net). Nur wenig südlicher badet man an einem weiteren wunderschönen, ebenfalls mit der blauen Flagge für sauberes Wasser ausgezeichneten Strand in **Marina di Gioiosa Ionica.**

Byzantinischer Kirchenbau in Stilo: die Cattolica aus dem 10./11. Jh.

Villa Santa Maria
Via Santa Maria 5
Marina di Gioiosa Jonica
Tel. 0 96 45 17 77
www.agriturismovillasantamaria.com
In einer detailgetreu restaurierten Villa des 18. Jhs. im Grünen wohnt man angenehm ruhig, gutes Restaurant mit Produkten der Azienda, auch Verkauf. ●─●●

Gambero Rosso
Via Montezemolo 55
Marina di Gioiosa Ionica
Tel. 09 64 41 58 06
Exzellentes »Calabrian sushi«, z.B. Tartar vom Thunfisch, Carpaccio vom Schwertfisch. Mo geschl.●●

Ausflug nach Stilo 17

Einer der eigenwilligsten Kirchenbauten Kalabriens wartet in dem kleinen Örtchen Stilo (2800 Einw.): Die fünf Kuppeln über der ****Cattolica** bilden im Abendland einen ungewöhnlichen Blickfang. In der hervorragend erhaltenen byzantinischen Kirche fühlt man sich nach Kleinasien versetzt. Der Innenraum, der über quadratischem Grundriss die Form des griechischen Kreuzes betont, birgt Fresken der Erbauungszeit.

La Buca del Re
Via XXI Agosto
Tel. 33 37 20 56 18
Schönes Ambiente in einer alten Ölmühle der Altstadt von Stilo, traditionelle Küche, hausgemachte Nudeln, Wild und Pilze. ●●

*Gerace 18

Als wahres Schmuckstück unter den Städtchen Kalabriens zeigt sich das weiter im Landesinneren gelegene Gerace. Die gepflegte ***Altstadt** wirkt anheimelnd. Beim Bummel entdeckt man Keramikläden – Töpferei hat hier Tradition. Von den normannischen Kirchenbauten der Region überstand nur der größte, der ****Dom** von Gerace, alle Erdbeben in dieser gefährdeten Gegend. 20 unterschiedliche, z.T. antike Säulen mit schönen Kapitellen gliedern den dreischiffigen, feierlich-schlichten Innenraum. Vom linken Querschiff steigt man in die noch aus einer byzantinischen Bauphase stammende ***Krypta**.

Vom mittelalterlichen Kastell blieb nur ein mächtiger Rundturm. Beim **Festival Borgo Incantato mit Musik und Straßenkünstlern** Ende Ende Juli/Anfang Aug. lebt Gerace bis spät nachts.

Hotels

■ **La Casa di Gianna**
Via Paolo Frascà 4
Tel. 09 64 35 50 18
www.lacasadigianna.it
Alter Palazzo, antike Möbel, heimische Küche, traumhafte Aussicht von der Terrasse: Wohnen im Zentrum von Gerace kann so schön sein. ●●●

■ **Palazzo Sant'Anna**
Via Sant'Anna 1
Tel. 09 64 35 50 10
www.palazzosantanna.it
Super Panoramablick von der Terrasse des mittelalterlichen Klosters, stilvolle Zimmer, im Sommer genießt man im Freien (auch Nicht-Gäste) gehobene Küche, Kleinigkeiten und Pizzas.
●●–●●●

Restaurants

■ **Squella**
Via della Resistenza 8
Tel. 09 64 35 60 86
Rustikales, gemütliches Lokal bei der Kirche San Francesco, Produkte von Bauern der Umgebung, typische Küche Geraces. Im Winter Fr geschl. ●–●●

■ **La Tavernetta**
Ortsteil Azzuria (4 km v. Gerace)
SP 112 Locri-Antonimina
Tel. 09 64 35 60 20
Ausgezeichnete lokale Küche in rustikalem Lokal, Antipasti vom Feinsten. Nudeln mit Sardellen und wildem Fenchel, Lamm, Grillfleisch …

Shopping

■ **Antonio Gratteri**
Via Duomo 42
Terrakottareliefs nach antiken Vorbildern.

■ **Ceramiche Condò**
Largo Chiappe][Via Zaleuco 27
Tel. 09 64 35 66 63
Alte Keramikmotive neu interpretiert.

 ***Tropea** 19

Das sympathische Städtchen ist der schönste Badeort an der tyrrhenischen Küste Kalabriens. Es thront auf einem Felsen, seine Gässchen, Torbogen, Plätze und Paläste sowie hübsche Läden verlocken zum Bummeln. Mitten in die ***Altstadt** ist der niedrige, wohl noch in vornormannischer Zeit begonnene ***Dom** eingebettet. Die farbige Absetzung der

Aus der Bergamottfrucht werden ausgesuchte Duftessenzen gewonnen

Rundbogen an der Längsseite verleiht dem Bau etwas Anmutig-Spielerisches.

Vom Balkon am Ende der Hauptgasse Corso Vittorio Emanuel genießt man einen wunderbaren *Blick auf die 40 m steil ins Meer fallenden Klippen, den traumhaften rosa Kieselstrand und das fotogene, liebliche Inselchen mit der Kirche Santa Maria dell'Isola.

Die 4 km langen Strände unterhalb von Tropea bieten kleine Buchten und sandige Abschnitte, Sport und Fun bis spät nachts.

Buch-Tipp **Tatort Kalabrien. Ein mörderischer Urlaub** von Barbara Ludwig, Schardt Verlag, Oldenburg 2007, spielt in der Stadt Tropea.

Hotels

■ **Rocca Nettuno**
Via Annunziata][**Tel. 09 63 99 81 11**
www.roccanettuno.com

Wunderschöne große Ferienanlage im Grünen hoch über dem Meer, Swimmingpool, Lift zum Strand. Vielfältige Sport- und Freizeitangebote. Etwa 15 Min. Fußweg ins Zentrum. ●●—●●●

■ **Terrazzo sul Mare**
Zona Croce][**Tel./Fax 0 96 36 10 20**
www.tropea-online.com/ hotel_terrazzosm01.html
Kleinerer Familienbetrieb hoch über dem Meer gelegen (Treppe zum Strand); freundliche Zimmer, Restaurant mit kalabresischer Küche. ●●

Restaurants

■ **Pimm's**
Largo Migliarese 2
Tel. 09 63 66 61 05
Hervorragende Fischgerichte genießt man am schönsten auf der Panoramaterrasse. Im Winter Mo geschl. ●●●

■ **Da Franco**
in Brattiro (10 km im Landesinneren)
Tel. 0 96 36 80 85
Kräftige Fleischgerichte, kalabresische Spezialitäten. Mo Ruhetag. ●

Aktivitäten

■ **Segelschule Moonlight**
Via Marina Vescovado
Tel. 09 63 60 35 16][34 98 11 40 54
www.velamoonlight.com
Thomas lehrt auch Anfängern das
Katamaran-Segeln und Windsurfen,
organisiert Mountainbike-Touren.
■ **Piccola Università Italiana**
Largo Antonio Pandullo 5
Tel. 09 63 60 32 84
www.caffeitalianoclub.net
www.piccolauniversitaitaliana.com
Nette Sprachenschule für alle Levels,
auch Freizeitaktivitäten.

Ausflug nach Capo Vaticano 20

Die Ferienanlagen am Kap, 10 km
südlich von Tropea, bieten alle-
samt Sport und Animation, im
Hochsommer wird es voll.

Hier lohnt ein Spaziergang zum
Leuchtturm am Capo mit der
wunderbaren Aussicht auf die
Küste und die Äolischen Inseln.
Man geht den kleinen Weg durch
die dichte mediterrane Macchia,
kauft vielleicht eine kalabresische
Spezialität in dem kleinen Laden
und genießt ein Eis in der Bar.
Traumhaft türkis schimmerndes,
glasklares Wasser schwappt an die
langen Sandstrände und in die
kleinen felsigen Badebuchten.

Hotels

■ **Residence Girasole**
Ortsteil Tonicello
San Nicolò di Ricadi
Tel. 09 63 66 31 62
www.residencegirasole.it

Wunderbar in die Natur eingepasstes
mediterranes Dörfchen, absolut ruhig
gelegen, ausnahmsweise ohne Animation, Privatstrand. ●●–●●●
■ **Villaggio Camping Solemare**
Baia del Tono][San Nicolò di Ricadi
Tel. 09 63 66 34 63
www.solemare.net
Guter Campingplatz mit Apartment-
anlage am Meer, großer Pool, Windsur-
fing, Animation vom Kinderclub bis zur
Disco, Restaurant und Strandbar. ●

Restaurant

A Turri
Via C. da Torre][Tono
Capo Vaticano][Tel. 09 63 66 36 82
Kalabresische Küche mit hausgemach-
ten Antipasti, wunderbare Pizzas. Auch
Gästezimmer. ●–●●

*Scilla 21

Imposant überragt das **Kastell** die
Meerenge von Messina. Als Skylla
mit dem gegenüberliegenden
Charybdis taucht der Ort schon
in Homers Odyssee auf. Heute
spaziert man im urigen Fischer-
viertel *Chianalea hinunter ans
Meer, genießt die *Aussicht vom
Kastell (Di–So 9.30–12.30, 15 bis
18 Uhr, im Sommer länger) und
badet am weiten Sandstrand im
Westen der Burg. Die Costa Viola
macht ihrem Namen alle Ehre,
wenn das Meer bei Sonnenuntergang violett schimmert.

Hotel

Palazzo Krataiis
Via G. Omiccioli 26
Tel. 09 65 75 40 22
www.krataiis.it

Nah am Meer, schön restaurierter Palazzo des 18. Jhs., geschmackvoll eingerichtete Zimmer, gutes Fischrestaurant. ●●

Restaurants

■ Alla Pescatora
Via Cristoforo Colombo 32
Tel. 09 65 75 41 47
Unmittelbar am Meer gelegen, natürlich gute Fischküche, z.B. Spaghetti al nero di seppia und Schwertfischröllchen (involtini di pesce spada).
Mi (außer Aug.) geschl. ●●

■ Zanzibar
Lungomare Cristoforo Colombo
Tel. 09 65 75 46 51
Klasse granite (eine Art Sorbet) am Strand. ●

Ausflug nach Palmi 🏛

Der nette Ort in Panoramalage oberhalb der tyrrhenischen Küste bietet Kunstfreunden als Hauptsehenswürdigkeit die ***Musei Civici** in der Casa della Cultura. Dazu gehören die **Pinakothek** (Werke von Modigliani, Guttuso, Boccioni u.a.) und die Skulpturensektion Michele Guerrisi, eine archäologischer Abteilung und das wirklich originelle ***Museo Civico di Etnografia e Folclore.** Magische Spindeln, riesige Pappmaschee-Figuren, Kostüme, Instrumente des bäuerlichen Lebens, Musikinstrumente: Ein Sammelsurium für kleine Entdecker. Hier wird die von Magie und geheimnisvollen Zeichen durchdrungene bäuerliche Welt Kalabriens leben-

Über Scilla thront das Kastell

dig (Mo–Fr 8.15 bis 13.45, außer Aug. Do auch 15.15–18 Uhr).

Nach dem Museumsbesuch fährt man durch Olivenhaine hinunter zum **Lido**, wo die farbigen Fischerboote sehr fotogen am langen Sandstrand liegen.

Hotels

■ Arcobaleno
Via Provinciale][**Ortsteil Taureanea**
89015 Palmi][**Tel. 09 96 47 93 80**
www.hotelresidencearcobaleno.com
Freundlicher Familienbetrieb, ideal für Durchreisende. ●●

■ Camping San Fantino
Ortsteil Taureana
Tel. 09 66 47 97 29
www.campingsanfantino.it
Ganzjährig geöffneter Platz, wunderschön im Olivenhain, direkter Zugang zum Strand. ●

Restaurant

De Gustibus
Viale delle Rimembranze 58–60
Tel. 0 96 62 50 69

Kleines, gemütliches Lokal, kreative Küche, die Traditionen wie Schwertfisch mit Zwiebeln wohlschmeckend aufnimmt. Mitte Juli–Aug. tgl., sonst Mo geschl ●●–●●●

Reggio di Calabria 23

Nach gewalttätigen Demonstrationen verlegte man 1972 den Sitz des Regionalparlaments in die größte Stadt (180 400 Einw.) Kalabriens, während Catanzaro Hauptstadt und Regierungssitz blieb. Dieser Vorgang und die täglich gegenwärtige Gewalt zeigen, wie sehr die Stadt und die Provinz Reggio von der 'Ndrangheta, der kalabresischen Mafia, beherrscht werden. Richter und Staatsanwälte leisten bei der Bekämpfung Sisyphusarbeit.

Während die Mafia dem Image der Stadt schweren Schaden zufügt, ist man stolz auf den Modeschöpfer Gianni Versace, der aus Reggio stammte. Seit 2002 rühmt man sich auch wieder des »schönsten Kilometers Italiens«, des **Lungomare Falcomata.** Reggios 2002 verstorbener Bürgermeister Italo Falcomata ließ die Promenade rundherum erneuern und belebte mit einem ansprechenden Kulturprogramm die Sommernächte. Vor dem Panorama Siziliens und des Ätna flanieren abends wieder Tausende.

Sehenswert ist die 2008 im Teatro Cilea eröffnete **Pinacoteca Civica** mit Gemälden von Antonello da Messina und Mattia Preti

(Di–So 9.30–12.30 und 16.30 bis 17.30 Uhr). Am 2. Samstag im September bezaubert das Feuerwerk am Lungomare zum Fest der Madonna della Consolazione.

Sollte an der Meerenge der intensiv diskutierte, 2003 von der Regierung beschlossene Bau der Brücke nach Sizilien tatsächlich beginnen, könnten sich Stadt und Region sehr stark verändern.

12 Die 1972 aus einem Wrack vor der Ostküste Kalabriens geborgenen ****Bronzen von Riace** sind die Prunkstücke der hochinteressanten archäologischen Abteilung des ****Museo Nazionale.** Die beiden überlebensgroßen kunstvoll gefertigten Figuren griechischer Krieger stammen aus dem 5. Jh. v. Chr. Auch Funde aus dem Porticello-Wrack sind zu bestaunen. Das Museum besitzt weiterhin eine didaktisch bestens gestaltete frühgeschichtliche Abteilung und eine Sektion zur griechischen Geschichte der Provinz mit mit herrlichen antiken Vasen, Waffen und Schmuck (Di–So 9–19.30 Uhr).

Info
■ **APT**
Via Roma 3][89100 Reggio d. C.
Tel. 0 96 52 25 30
http://turismo.reggiocal.it
■ **Infobüros** am Bhf. und Flughafen.

Hotels
■ **Grand Hotel Excelsior**
Via Vittorio Veneto 66
Tel. 09 65 81 22 11
www.montesanohotels.it

Elegantes Hotel, am Nationalmuseum mit Panoramarestaurant Gela. ●●●

■ **Hotel Palace**
Via Vittorio Veneto 95
Tel. 0 96 52 64 33
www.montesanohotels.it
Modernes Hotel mit American Bar, Zimmer mit allem Komfort, nicht weit vom Nationalmuseum . ●●–●●●

Baylik
Vico Leone 3 (Nähe Hafen)
Sehr gute Fischküche. Carpaccio vom Schwertfisch. Mo Ruhetag. ●●–●●●

Shopping

■ **Fiori di Calabria**
Via Osanna 3/abc (nah Piazza Italia)
www.fioridicalabria.it
In Italien wächst die Bergamottfrucht nur entlang der Küste von Reggio di Calabria, von der 90 % der Weltproduktion stammen. Ausgesuchte Duftessenzen, Badesalze, Parfums sind ein edles Mitbringsel.

■ **Torrone Giuseppe Malavenda**
Piazza Duomo 4/6
Angeboten werden neben Mandelpaste die traditionellen *torroncini*, z.B. mit Mandarinengeschmack.

Die 'Ndrangheta

Durch den Sechsfachmord in Duisburg im August 2007 wurde der Name der kalabresischen Mafia auch in Deutschland schlagartig bekannt. An Italiens Stiefelspitze beherrscht sie seit Langem große Teile der Wirtschaft und unterwandert die Zivilgesellschaft: Gegen 34 von 54 Regionalräten Kalabriens laufen Untersuchungen, etwa 70 % aller Unternehmer zahlen den »Pizzo« (Schutzgeld), die übrigen 30 % der Betriebe gehören direkt dieser mächtigsten Mafia-Organisation Italiens.

Ihre Geschäfte laufen seit den Fahndungserfolgen gegen die Cosa Nostra in Sizilien Anfang der 1990er-Jahre bestens. Die Gewinne der 'Ndrangheta stammen v.a. aus dem von ihr beherrschten globalen Kokainhandel; weitere Quellen sind Prostitution, Waffenhandel, Schutzgelder und Unternehmensgewinne. Die 'Ndrangheta ist mittlerweile außer in der Lombardei, Toskana und Emilia Romagna auch in Deutschland, Frankreich und Belgien vertreten, ebenso wie in Russland und Kolumbien.

Der seltsame Name stammt aus dem Griechischen von »andragathos« (tapferer Mann). Bereits 1888 erstmals als »Geheimsekte, die vor nichts Angst hat« aktenkundig, betätigten sich die Kalabresen zunächst als Menschenräuber (einer der bekanntesten Fälle: 1973 John Paul Getty, US-Milliardärssohn). Etwa 7000 Mann, die in 100 Familien organisiert sind, stehen in ihren Diensten, zu deren Zentren das kleine Dorf San Luca am Rande des Aspromonte-Gebirges gehört, aus dem auch die Opfer von Duisburg stammten. Hier zeigt sich auch die archaische Seite der 'Ndrangheta, in der die »Vendetta« (Blutrache) eine entscheidende Rolle spielt. Diese seit 1991 aus nichtigem Anlass entstandene Fehde zwischen den Clans Strangio-Nirta und Vottari-Pelle kostete bereits über 20 Menschen das Leben.

Die Natur des Südens – Erlebnis für Sportliche

Noch zieht es die meisten Deutschen wegen der Traumstrände von Tropea nach Kalabrien – rund 800 km Küste warten hier auf Sonnenanbeter, die von Mitte Mai bis Anfang November ins mind. 20 °C warme Wasser hechten können. Dagegen haben die Italiener in den letzten Jahren die reizvolle Natur des gebirgigen kalabresischen Hinterlandes entdeckt. Besonders in den kalabresischen Nationalparks kann man Wanderungen in einer ursprünglichen Kulturlandschaft unternehmen.

Segeln und Fliegen

Kalabriens Küsten sind ein ausgezeichnetes ausbaufähiges Segelrevier. Von Vibo Valentia aus kreuzt der hochseetaugliche Zweimast-Topsegelschoner SV Florette in einem mehrtägigen Törn hinüber zu den Äolischen Inseln. Den bestausgebauten Jachthafen der ionischen Küste besitzt das sonst wenig attraktive Crotone, von hier aus erreicht man die reizvollen Segel- und Tauchreviere am Capo Rizzuto. Dort verleiht Ostro Segelboote und organisiert Mini-Kreuzfahrten, sogar Fahrten mit einheimischen Fischern.

Volo dell'Angelo, Flug des Engels, nennt sich der Nervenkitzel, bei dem man am Stahlseil in den Lukanischen Dolomiten von Pietrapertosa über eine 160 m tiefe Schlucht nach Castelmezzano schwebt bzw. braust, denn auf der knapp 1,5 km langen Strecke erreicht man bis zu 120 km/h!

■ **Paradise Consult**
Ballhof/Kreuzstr. 1
30159 Hannover
Tel. 05 11/32 79 37
www.paradise-consult.de
Buchung von Törns mit SV Florette.

■ **Ostro**
Via Duomo][**88900 Le Castella**
Tel. 09 62 79 56 32][**www.ostro.it**
■ **Volo dell'Angelo**
www.volodellangelo.com (nur it.)
27. Juni–13. Sept., Di–Sa 10.30–13.30,
15–19.30, So 10.30–19.30, Aug. tgl.
10.30–19.30 Uhr; Mindestalter 16 J.,
Gewicht muss zwischen 35 und 120 kg
liegen; Preis Mo–Sa 30 €, So 38 €

Wildwasserrafting

Um die Schluchten des auch im
Sommer wasserreichen Lao bei
Papasidero zu erkunden, organi-
sieren Primo Galiano und sein
Team ganzjährig professionelle
Schlauchbootfahrten bis zur Ein-
mündung des Argentino-Flusses,
die auch für Kinder ab 8 Jahren
geeignet sind (Basisprogramm
pro Pers. 30 €, sonst ca. 40 €). Im
Frühjahr und Herbst versprechen
spezielle Wildwasserexkursionen
im Oberlauf des Lao prickelndes
Abenteuer.

Lao Action Raft
87029 Scalea][**Via Lauro 12**
Tel./ Fax 0 98 52 14 76
Mobil 32 82 14 41 49
www.laoraft.com

Aspromonte, Sila und Pollino

Kalabriens Naturparks sind zu-
nehmend attraktiver geworden.
Junge Kooperativen haben Wan-
derrouten markiert und sorgen
für ein kombiniertes Natur- und
Kulturerlebnis, das von Erklärun-
gen der süditalienischen Mittel-
meerflora bis zu Besuchen von
Käsereien, Köhlern und ethnolo-
gischen Museen reicht.

■ **Parco Nazionale**
dell'Aspromonte
Via Aurora
89050 Gambarie di Santo Stefano in
Aspromonte][**Tel. 09 65 74 30 60**
www.parcoaspromonte.it
■ **P. N. della Sila**
Lorica di San Giovanni in Fiore
Via Nazionale
Tel. 09 84 53 71 09
www.parcosila.it
■ **P. N. del Pollino**
Via S. Maria della Consolazione
85048 Rotonda][**Tel. 09 73 66 93 11**
www.parcopollino.it (nur auf It.)
■ **Le Pratoline**
Scinvolo Campotenese
Tel. 0 98 13 39 60
Berghütte mitten im Pollino mit
Zimmern, serviert werden Ziegen-
spezialitäten; nahe der Autobahn A 3.
Juni–Mitte Sept. tgl. außer Sa,
im Winter nur mittags geöffnet. ●
■ **Emanuele Pissara**
Città/Çifti][**Tel. 0 98 17 30 43**
Mobil 33 38 73 28 29
Der sympathische Bergführer führt
über die Teufelsbrücke zur schwindel-
erregenden Via del Peperoncino und
berichtet über sein albanisches
Heimatdorf am Südrand des Pollino.

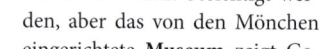

Ausflug von Reggio

Pentedattilo 24 und Melito di Porto Salvo 25

Südlich von Reggio verläuft die Küstenstraße am Aspromonte entlang, der steil und kahl ins Meer abfällt. Die Bergdörfer werden bald so verlassen sein wie das malerische *Pentedattilo. Am Meer bei **Melito di Porto Salvo** passiert man den südlichsten Punkt Italiens. Im August leben die griechischen Orte des Aspromonte beim **Festival Paleariza** mit griechischer Musik und Gastronomie ihre alten Traditionen.

Echt gut!

*Pizzo 26

Der pittoreske Ort (8500 Einw.) scheint fast von seiner luftigen Höhe ins Meer zu stürzen. Lokalpatrioten behaupten, hier sei die **Tartufo-Eiskugel** erfunden worden. Besichtigungspunkte sind eine barocke **Pfarrkirche,** ein von den Aragonesen errichtetes mäch-

Echt gut!

Pizzo, pittoresk mit Panorama

tiges **Kastell** und ein **Tuffkirchlein.** Der Hauptplatz gleicht im Sommer einer Freilichtbühne.

Restaurants

■ **Ristorante Go**
Contrada da Mangano
89812 Pizzo][**Tel. 34 71 13 78 54**
Exzellente kalabresische Küche mit viel Fisch, serviert auf der traumhaft schönen Terrasse eines alten Landhauses. Freundlicher Familienbetrieb.
So abends und Mo geschl. ●●—●●●

■ **Antica Gelateria Belvedere**
Piazza Umberto I
Seit 1901 gibt es hier Tartufo.

Ecl g

Serra S. Bruno 27

Mitten im Wald auf 780 m Höhe liegt der kleine Ort (7100 Einw.) auch heute noch ein wenig isoliert. Genau das zog den Kölner Mönch Bruno hierher. 1091 schenkte ihm der Normanne Roger I. das Areal, auf dem sich noch heute ein prächtiges, neogotisches Karthäuserkloster, der Neubau von 1900, erhebt. Das Kloster selbst kann nicht besichtigt werden, aber das von den Mönchen eingerichtete **Museum** zeigt Geschichte und Alltag der Karthäuser (April–Sept. 10–13, 14–19, Okt.–März bis 17 Uhr).

Hotel

Fondo dei Baroni
Ortsteil La Chiusa][**Serra San Bruno**
Tel. 0 96 37 17 06
www.fondodeibaroni.it
Man wohnt im Wald in kleinen Holzhäuschen. Mountainbikes, Käserei-Kurse, gutes Restaurant, lokale Küche. ●

Infos von A–Z

Ärztliche Versorgung

Urlauber aus EU-/EFTA-Ländern werden gegen Vorlage der Europäischen Krankenversicherungskarte (EHIC) nur beim Vertragsarzt kostenlos behandelt. Eine zusätzliche private Auslandskrankenversicherung ist zu empfehlen.

Autofahrer

Der nationale Führerschein genügt, die Mitnahme der Grünen Versicherungskarte wird empfohlen. Kostenlose Pannenhilfe (Tel. 80 31 16) erhalten Mitglieder von mit dem ACI kooperierenden Automobilclubs, die einen Auslandsschutzbrief besitzen.

Bei Verkehrsverstößen drohen hohe Bußgelder. Innerorts gilt ein Tempolimit von 50 km/h, auf Landstraßen 90 km/h, auf Schnellstraßen 90 bis 110 km/h, auf Autobahnen 130 km/h (bei Regen auch hier 110 km/h). Auf außerstädtischen Straßen müssen Autos und Motorradfahrer auch tagsüber mit Licht fahren. Telefonieren ist nur mit Freisprecheinrichtung gestattet. Das Tragen einer Sicherheitsweste im Fall einer Panne oder eines Unfalls ist vorgeschrieben. Promillegrenze: 0,5.

Diplomatische Vertretungen

■ **Deutschland:** Generalkonsulat Neapel, Via Crispi 69/I, Tel. 08 12 48 85 11, www.neapel.diplo.de; Honorarkonsulat Bari, Piazza Umberto I 40, Tel. 08 05 24 40 59
■ **Österreich:** Honorarkonsulat Bari, Via B. Buozzi 88, Tel. 08 05 62 62 34, cons.aus@emmeemme.it; Honorarkonsulat Neapel, Corso Umberto I. 275, Tel. 0 81 28 77 24, consaustriana@virgilio.it
■ **Schweiz:** Konsulat Bari, Piazza Luigi di Savoia 41/a, Tel. 08 05 24 96 97, bari@honorarvertretung.ch

Feiertage

1. Januar (Neujahr), 6. Januar (Hl. Drei Könige), Ostermontag, 25. April (Staatsfeiertag), 1. Mai (Tag der Arbeit), 2. Juni (Tag der Republik), 15. August (ferragosto), 1. November (Allerheiligen), 8 Dezember (Unbefleckte Empfängnis), 25./26. Dezember (Weihnachten)

Geld und Devisen

In Italien zahlt man mit Euro (€). Mit Bankkarten (Maestro) erhält man an Geldautomaten *(bancomat)* bis 500 € täglich. Kreditkarten sind verbreitet.

Haustiere

benötigen den Europäischen Heimtierpass (Tollwutimpfung, Microchip od. Tätowierung). Leine und Maulkorb gehören für Hunde ins Gepäck.

Informationen

erhält man bei den Büros von **ENIT,** des staatlichen italienischen Fremdenverkehrsamts (www.enit.it):
■ **Deutschland:** www.enit-italia.de, 10117 Berlin, Friedrichstr. 187, Tel. 0 30/2 47 83 98, Fax 2 47 83 99, enit-berlin@t-online.de; 60311 Frankfurt/M., Neue Mainzer Str. 26, Tel. 0 69/23 74 34, Fax 23 28 94, enit.ffm@t-online.de; 80538 München, Prinzregentenstr. 22, Tel. 0 89/53 13 17, Fax 53 03 69, enit-muenchen@t-online.de
■ **Österreich:** 1010 Wien, Kärntner Ring 4, Tel. 01/5 05 16 39, Fax 5 05 02 48, www.enit.at, info@enit.at
■ **Schweiz:** 8001 Zürich, Uraniastr. 32, Tel. 0 43/4 66 40 40, Fax 4 66 40 41, www.enit.ch, info@enit.ch

■ In Italien helfen die regionalen und lokalen Informationsbüros (**APT, IAT, Pro Loco**) Urlaubern weiter.

Notruf
■ Polizei: Tel. 112 oder 113
■ Erste Hilfe: Tel. 118
■ Feuerwehr: Tel. 115
■ Autopannen: Tel. 80 31 16

Öffnungszeiten
■ **Banken** Mo–Fr 8.30–13.30 Uhr (manche auch nachmittags).
■ **Geschäfte** meist 9–13 und 16/17 bis 20/21 Uhr; im Sommer schließen viele Samstagnachmittag, in Ferienorten bleiben sie abends länger offen.
■ **Kirchen** meist mittags von 12/13 bis 16/17 Uhr geschlossen.
■ **Museen, Galerien** ändern häufig die Öffnungszeiten. Die staatlichen Museen sind für EU-Bürger unter 18 und über 65 Jahre gratis.
■ **Tankstellen** sind, außer an Autobahnen, über Mittag sowie So/Fei geschlossen. Einige haben Tankautomaten, die mit Bargeld funktionieren.

Quittungen
Für Dienstleistungen, auch Bar- oder Restaurantbesuche, müssen die Quittungen (*ricevuta fiscale*) kurzfristig aufbewahrt und auf Verlangen der Finanzpolizei vorgezeigt werden.

Urlaubskasse	
Tasse Kaffee	1,50 €
Softdrink	2,30 €
Glas Bier	2 €
Panino	2 €
Portion Eis (2 Kugeln)	1,80 €
Taxifahrt (innerstädtisch, ca. 12 km)	15 €
Mietwagen/Tag	ab 45 €
1 l Superbenzin	1,17 €

Sicherheit
Wo Touristen unterwegs sind, gibt es auch Taschendiebe. Wertsachen und größere Geldbeträge gehören in den Hotelsafe. Lassen Sie nichts im Auto liegen und stellen Sie es in einer Garage oder auf bewachten Parkplätzen ab. Wer bestohlen wurde, sollte die Polizei (*questura*) benachrichtigen.

Souvenirs
Charakteristisch sind Keramik, *fischietti* (Tonpfeifen zum Musizieren), Holzarbeiten aus der Sila oder Brigantenpuppen. Decken Sie sich mit den guten lokalen Weinen oder eingelegten Oliven, Gemüse oder Pilzen ein. Achtung: Wer bei ambulanten Händlern gefälschte Markenware kauft, wird mit hohen Geldbußen bestraft!

Telefon/Handy/Internet
Telefone funktionieren mit Telefonkarten (*scheda telefonica*) zu 3,50 und 7,50 €, es gibt sie in Tabakläden (*Tabacchi*). Im italienischen Mobilfunknetz (Standards GSM 900/1800) kann man auch das eigene **Handy** benutzen (Tipps unter www.teltarif.de).

Die ehemalige Ortsvorwahl ist Bestandteil der Teilnehmernummer und immer mitzuwählen. Handynummern haben keine Anfangs-Null.

Internationale Vorwahlen nach Deutschland 00 49, Österreich 00 43, Schweiz 00 41, Italien 00 39.

Internetcafés gibt es in allen größeren Städten Apuliens und Kalabriens, oft in Reisebüros, Souvenirläden u. Ä.

Zoll
Für Reisende aus **EU-Staaten** gelten folgende Richtmengen (pro Pers.): 800 Zigaretten, 200 Zigarren, 1 kg Tabak, 10 l Spirituosen, 90 l Wein. **Schweizer** können Geschenke im Wert von 300 CHF mitbringen, dazu 200 Zigaretten, 1 l Spirituosen, 2 l Wein.

Register

Bildnachweis

Alamy/CuboImages srl: U2-Top12-10, 13; Peter Amann: 20; Bildagentur Huber/Dutton Collin: 32; Bildagentur Huber/Baviera Guido: 79; Bildagentur Huber/Johanna Huber: U2-Top12-6, U2-Top12-9, 53, 98, 108; Bildagentur Huber/Ripani Massimo: U2-Top12-2, 46; Bildagentur Huber/Mehlig: 77; Bildagentur Huber/Kaos: U2-Top12-7, 87; Bildagentur Huber/G. Simeone: U2-Top12-12, 1, 6, 14, 29, 36, 111, 127; Bildarchiv Steffens/Werner Heidt: 74; Bildarchiv Steffens/Ladislav Janicek: 59, 70, 95; Fotolia.com/riccardo bruni: U2-Top12-3; Fotolia.com/ Marcus Harrison: U2-Top12-5; Fotolia.com/Ronnie Howard: 18; Fotolia.com/Vavlav Janousek: U2-Top12-1; Fotolia.com/Ingrid Walter: U2-Top12-8; Fotolia.com/Sven Weber: 2-2; Fotolia. com/Paul Yates: 17; Veit Haak: 81; Rainer Hackenberg: 67; Herbert Hartmann: 30, 48, 49, 91, 93, 110, 129, 136, 138; Bernd Helms: 64; Gerold Jung: 11, 42, 72, 137; laif/Amme: U2-Top12-11, 92; laif/Celentano: 22, 131, 133; laif/Galli: 27; laif/hemis.fr/Andrea Alborno: 9, 40; laif/Markus Kirchgessner: 112; laif/Martin Kirchner: 12, 19; laif/David Klammer: 45; laif/ Sasse: U2-Top12-4; LOOK-foto/Franz Marc Frei: 38 mauritius images/CuboImages: 51; Daniele Messina: 50, 68, 84, 85; Monika Pelz: 2-1, 2-3, 34, 63, 97, 103, 107, 117, 119, 120, 122.

www.polyglott.de

Polyglott im Internet: www.polyglott.de

Impressum

Wir freuen uns, dass Sie sich für einen Reiseführer aus dem Polyglott-Programm entschieden haben. Auch wenn alle Informationen aus zuverlässigen Quellen stammen und sorgfältig geprüft sind, lassen sich Fehler nie ganz ausschließen. Wir bitten um Verständnis, dass der Verlag dafür keine Haftung übernehmen kann. Ihre Hinweise und Anregungen sind uns wichtig und helfen uns, die Reiseführer ständig weiter zu verbessern. Bitte schreiben Sie uns:

Polyglott Verlag, Redaktion, Postfach 40 11 20, 80711 München, redaktion@polygott.de

Wir wünschen Ihnen eine gelungene Reise!

Herausgeber: Polyglott-Redaktion
Autoren: Monika Pelz und Peter Peter (Special)
Neukonzeption: Monika Pelz
Redaktion: Gudrun Raether-Klünker
Bildredaktion: Polyglott und Dominik Dittberner
Layout: Ute Weber, Geretsried
Titeldesign-Konzept: Studio Schübel Werbeagentur GmbH, München
Karten und Pläne: Kartographie Huber, kartografische Bearbeitung: GeoGraphic Publishers
Satz: Schulz Bild & Text, Hamburg
Druck: Himmer AG, Augsburg
Bindung: »Butterfly«-Bindeverfahren zum Patent angemeldet durch
Kolibri Industrielle Buchbinderei GmbH 2008

© 2009 by Polyglott Verlag GmbH, München
Printed in Germany
Dieses Buch wurde auf chlorfrei gebleichtem Papier gedruckt.
ISBN 978-3-493-55808-1

Langenscheidt Mini-Dolmetscher Italienisch

Allgemeines

Guten Tag.	Buongiorno. [buondschorno]
Hallo!	Ciao! [tschao]
Wie geht's?	Come sta? [kome sta]
Danke, gut.	Bene, grazie. [bäne grazje]
Ich heiße ...	Mi chiamo ... [mi kjamo]
Auf Wiedersehen.	Arrivederci. [arriwedertschi]
Morgen	mattina [mattina]
Nachmittag	pomeriggio [pomeridscho]
Abend	sera [ßera]
Nacht	notte [notte]
morgen	domani [domani]
heute	oggi [odschi]
gestern	ieri [järi]
Sprechen Sie Deutsch?	Parla tedesco? [parla tedesko]
Wie bitte?	Come, prego? [kome prägo]
Ich verstehe nicht.	Non capisco. [non kapisko]
Sagen Sie es bitte nochmals.	Lo può ripetere, per favore. [lo puo ripätere per faworе]
..., bitte.	..., per favore. [per faworе]
danke	grazie [grazje]
Keine Ursache.	Prego. [prägo]
was / wer / welcher	che / chi / quale [ke / ki / kuale]
wo / wohin	dove [dowe]
wie / wie viel	come / quanto [kome / kuanto]
wann / wie lange	quando / quanto tempo [kuando / kuanto tämpo]
warum	perché [perke]
Wie heißt das?	Come si chiama? [kome ßi kjama]
Wo ist ...?	Dov'è ...? [dowä]
Können Sie mir helfen?	Mi può aiutare? [mi puo ajutare]
ja	sì [ßi]
nein	no [no]
Entschuldigen Sie.	Scusi. [skusi]
Das macht nichts.	Non fa niente. [non fa njänte]

Sightseeing

Gibt es hier eine Touristeninformation?	C'è un ufficio di turismo qui? [tschä un uffitscho di turismo kui]
Haben Sie einen Stadtplan / ein Hotelverzeichnis?	Ha una pianta della città / un annuario alberghi? [a una pjanta della tschitta / un annuarjo albärgi]
Wann ist ... geöffnet?	A che ora è aperto (m.) / aperta (w.) ...? [a ke ora ä apärto / apärta]
geschlossen	chiuso (m.) / chiusa (w.) [kjuso / kjusa]
das Museum	il museo (m.) [il museo]
die Kirche	la chiesa (w.) [la kjäsa]
die Ausstellung	l'esposizione (w.) [lesposizjone]
Wegen Restaurierung geschlossen.	In restauro. [in restauro]

Shopping

Wo gibt es ...?	Dove posso trovare ...? [dowe posso troware]
Wie viel kostet das?	Quanto costa? [kuanto kosta]
Das ist zu teuer.	È troppo caro. [ä troppo karo]
Das gefällt mir (nicht).	(Non) mi piace. [(non) mi pjatsche]
Gibt es das in einer anderen Farbe / Größe?	Ce l'ha anche di un altro colore / un'altra taglia? [tsche la angke di un altro kolore / un altra talja]
Ich nehme es.	Lo prendo. [lo prändo]
Wo ist eine Bank?	Dov'è una banca? [dowä una bangka]
Ich suche einen Geldautomaten.	Dove posso trovare un bancomat? [dowe posso troware un bangkomat]
Geben Sie mir 100 g Käse / zwei Kilo Pfirsiche	Mi dia un etto di formaggio / due chili di pesche. [mi dia un ätto di formadscho / due kili di päske]
Haben Sie deutsche Zeitungen?	Ha giornali tedeschi? [a dschornali tedeski]
Wo kann ich telefonieren / eine Telefonkarte kaufen?	Dove posso telefonare / comprare una scheda telefonica? [dowe posso telefonare / komprare una skeda telefonika]

Notfälle

Ich brauche einen Arzt / Zahnarzt.	Ho bisogno di un medico / dentista. [o bisonjo di un mädiko / dentista]